Anton Aigner
Die Kunst des Leitens
Erfahrungen – Einsichten – Hinweise

Ignatianische Impulse
Herausgegeben von Stefan Kiechle SJ, Willi Lambert SJ
und Martin Müller SJ
Band 48

Ignatianische Impulse gründen in der Spiritualität des Ignatius von Loyola. Diese wird heute von vielen Menschen neu entdeckt.

Ignatianische Impulse greifen aktuelle und existentielle Fragen wie auch umstrittene Themen auf. Weltoffen und konkret, lebensnah und nach vorne gerichtet, gut lesbar und persönlich anregend sprechen sie suchende Menschen an und helfen ihnen, das alltägliche Leben spirituell zu deuten und zu gestalten.

Ignatianische Impulse werden begleitet durch den Jesuitenorden, der von Ignatius gegründet wurde. Ihre Themen orientieren sich an dem, was Jesuiten heute als ihre Leitlinien gewählt haben: Christlicher Glaube – soziale Gerechtigkeit – interreligiöser Dialog – moderne Kultur.

Anton Aigner

Die Kunst des Leitens

Erfahrungen – Einsichten – Hinweise

echter

Bibliografische Information der Deutschen Nationalbibliothek

Die Deutsche Nationalbibliothek verzeichnet diese Publikation in der
Deutschen Nationalbibliografie; detaillierte bibliografische Daten sind
im Internet über <http://dnb.d-nb.de> abrufbar.

2. Auflage 2015
© 2011 Echter Verlag GmbH, Würzburg
www.echter-verlag.de
Umschlag: Roberto Meraner
Druck und Bindung: fgb · freiburger graphische betriebe
ISBN 978-3-429-03355-2 (print)
    978-3-429-03356-9 (pdf)
    978-3-429-06000-8 (epub)

Inhalt

Einführung 7
Was bedeutet »leiten«? 8
Die Absicht dieses Buches 10
*Abkürzungen der am häufigsten zitierten
Bücher und Texte* 14

1. »Keinen anderen Oberen als Ihn« 15
Sich als Leiter oder Leiterin wichtig nehmen 17
Sich nicht allzu wichtig nehmen 20
Die Vertrautheit mit Gott 23

2. Wie Ignatius die Gesellschaft Jesu leitet 25
Sich lieben lassen 26
Da sein 28
Hinhören 29
»Sich bücken« 31
»Du hast versprochen, mich zu achten« 34
Interesse füreinander 36

3. Drei Spannungsfelder 41
Transparenz und Diskretion 41
Beratung und Entscheidung 45
Geduld und Konsequenz 49

4. Das rechte Leiten – eine Kunst 53
Die vielen »Typen« und der eine Leiter 53
Der Umgang mit den »Schwierigen« 56
Neue Zugänge schaffen 59
Leiten und Macht 62

5. Der Leiter – kein »Übermensch« 67
   Delegieren können 67
   Freundschaften pflegen 71
   Sich begleiten lassen 73
   Eine Aus-Zeit nehmen 74
   Fehler machen dürfen 78
   Zurücktreten können 80

Schluss: »Nur wer gehorchen lernt,
kann recht befehlen« 83

Zehn Leitsätze 87

Anmerkungen 91

Einführung

Das Orchester dankt dem Dirigenten, der es zu einer viel bejubelten Aufführung geführt hat ... Die Reisegruppe lauscht aufmerksam den Ausführungen der Reiseleiterin, die das Kunstwerk erklärt ... Die Seilschaft in der Felswand setzt ihr Vertrauen auf jenen, der vorankleitert und die Route bestimmt ... Es ist egal, ob Tango oder Wiener Walzer getanzt wird: Über eines muss sich das Tanzpaar von vornherein einig sein, nämlich: wer führt ...

Das sind willkürlich herausgegriffene Beispiele, die auf etwas hinweisen, was uns nicht weiter auffällt, weil es ganz selbstverständlich ist: Führen bzw. sich führen lassen gehört zu unserem Alltag, zu unserem Leben. Ob in der Familie oder in der Schule, auf der Lehrstelle oder auf der Universität, in der Firma oder im Verein: Immer braucht es Menschen, die vorangehen und Verantwortung übernehmen, die Vorbild und Stütze für die anderen sind, die die Aufgabe des Leitens und Führens übernehmen. Und natürlich braucht es auch in unseren Kirchen Personen, die die Leitung übernehmen: Pfarrer und Pfarrerinnen leiten ihre Gemeinden; die gleiche Aufgabe übernehmen immer mehr Pastoral-Assistentinnen und -Assistenten, auch wenn sie nach geltendem Kirchenrecht den Titel der Leitung (noch immer) nicht führen dürfen. Äbte und Priorinnen, Generalobere und Generaloberinnen stehen ihren Ordensgemeinschaften vor. Und in den verschiedenen diözesanen Gremien und Organisationen gibt es ebenfalls viel Bedarf an Führungspersonal.

Es ist nun eine interessante Tatsache, dass es für viele

Leitungsaufgaben, die wir im Laufe eines Lebens übernehmen, so gut wie keine »Ausbildung« gibt. Das gilt nicht nur für das Vater- oder Muttersein, sondern auch für viele andere Leitungsaufgaben, denen wir uns stellen (müssen). In unseren Kirchen ist das nicht anders. Sehr oft werden Leiterinnen oder Leiter »aus der Not geboren«. Das geht manchmal gut, manchmal auch nicht. Bisweilen merkt man erst dann, wenn das Experiment misslungen ist und der Scherbenhaufen mit Mühe gekittet wird, dass beim Leiten schon kleine Fehler verheerende Folgen haben können. Das rechte Leiten ist eine Gabe, die dem oder der einen mehr geschenkt worden ist als dem oder der anderen; doch kann man beim Leiten auch immer noch dazulernen. Die eigenen Leitungserfahrungen anderen Menschen weiterzugeben ist ein Anliegen dieses Buches.

Was bedeutet »leiten«?

Das Wort »leiten« kommt vom althochdeutschen »laidian«, was so viel bedeutet wie »gehen machen«. Ganz ähnlich leitet sich das Wort »führen« von einer althochdeutschen Wurzel ab, die »fahren machen« bedeutet. Beide Wörter weisen also auf eine Bewegung hin, die der Leiter oder Führer bewirken soll. So wie der Lokomotivführer den Eisenbahnzug in Bewegung setzt, soll der Leiter oder Führer Menschen in Bewegung bringen. Der Bedeutungsgehalt dieser beiden Wörter ist ziemlich ähnlich. Ich habe mich im Titel (und zumeist auch im Text) dieses Buches für das Wort »leiten« entschieden nicht zuletzt auch deshalb, weil »der Führer« im deutschen Kontext einen unangenehmen Beigeschmack hat.

Menschen *leiten* ist etwas ganz anderes als Menschen

begleiten. In den christlichen Buchhandlungen findet man meist eine ganze Reihe von Büchern zur geistlichen Begleitung; doch nach Büchern über christlich motiviertes Leiten muss man lange und oft vergeblich suchen. Der Leiter oder die Leiterin geht *voran*; der Begleiter oder die Begleiterin geht *mit*. Wer begleitet, muss vor allem gut und geduldig *zuhören* können; wer leitet, muss klar und unmissverständlich das *zum Ausdruck bringen*, was er bzw. sie will. Die Verantwortung dafür, dass »etwas vorangeht«, hat in einer Gemeinschaft in erster Linie der Leiter oder die Leiterin; doch bei der geistlichen Begleitung liegt diese Verantwortung fast ausschließlich bei der Person, die sich begleiten lässt. (Ungeduldigen Begleiterinnen oder Begleitern kostet das oft eine große Portion an Nervenkraft.) Die Liste der Unterschiede ließe sich noch weiter fortsetzen; aber es dürfte wohl schon klar geworden sein, dass Leiten und Begleiten in wesentlichen Punkten völlig verschieden sind. Der Wechsel von der einen auf die andere Aufgabe verlangt auch einen konsequenten Wechsel der inneren Einstellung und des Zugehens auf den Menschen.

Leiten bedeutet also – von seiner Sprachwurzel her betrachtet – »Menschen in Bewegung setzen«. Wenn durch eine kluge Leitung erreicht wird, dass die Gruppe »funktioniert«, dass Konflikte angesprochen und beigelegt werden können, dass jeder und jede seinen/ihren Platz findet und sich gebraucht fühlt, so ist schon viel erreicht. *Christlich* motiviertes Leiten bedeutet aber mehr. Wer aus dem Geist Jesu Christi heraus Menschen leitet und führt, soll ihnen helfen, den Weg zu Gott zu finden, so gut er oder sie es eben vermag. Das mag ein hohes Ideal sein, das nur selten und in kleinen Ansätzen verwirklicht wird; das tut nichts zur Sache. Wichtig ist, dass es im Auge behalten und nicht vergessen wird.

Es gab in der Geschichte der Christenheit zahlreiche Frauen und Männer, die für die Menschen ihrer Zeit bedeutende Leitungspersönlichkeiten waren; Ignatius ist nur eine von vielen. Doch sie alle sind letztlich nichts anderes als spezielle »Ausformungen« *des* Leiters schlechthin, wie er uns in den Evangelien begegnet: Jesus Christus. Er ist der Meister, der mit seinem Ruf »Folge mir!«, wörtlich übersetzt: »Hinter mir her!«, die Menschen in Bewegung bringt und auf den Weg zum Vater führt. Er ist der, der vorangeht, der wie ein guter Hirt jeden Einzelnen und jede Einzelne beim Namen kennt und »auf gute Weide führt« (vgl. Joh 10,1–16). Er ist schließlich auch bereit, sein Leben für jene einzusetzen, die ihm anvertraut sind. So wird er selber zum *Weg*, auf dem »die Seinen« zum Vater finden. Wer christlich leiten will, muss an Jesus Christus Maß nehmen, soll in seinem Leben etwas von diesem Jesus darstellen, und sei es noch so wenig, soll selber zum Weg werden, auf dem die Menschen zu Gott finden. Nicht nur Personen, die innerhalb der Kirche eine Leitungsposition innehaben, sondern auch Eltern und LehrerInnen, Firmenchefs und Vereinsvorstände, die aus christlicher Gesinnung heraus Menschen führen wollen, verkörpern in gewisser Weise Jesus Christus, der sich selber als der gute Hirte bezeichnet, der gekommen ist, dass »die Menschen das Leben in Fülle haben« (Joh 10,10).

Die Absicht dieses Buches

Ignatius von Loyola ist heute nicht nur den Jesuiten, die ihn als ihren Ordensgründer verehren, sondern darüber hinaus vielen Menschen kein Unbekannter mehr.

Sie wissen um seine spannende Biographie mit dem bemerkenswerten Bekehrungserlebnis nach seiner Verwundung in Pamplona; sie kennen ihn als einen mystisch reich beschenkten Heiligen. Sie schätzen vor allem das kleine Büchlein, das er verfasst und »Geistliche Übungen« genannt hat; unzählige Menschen verdanken den »Exerzitien« des Ignatius mit ihrer feinen Lehre der »Unterscheidung der Geister« Klarheit über ihren weiteren Lebensweg und Hilfe in einer schwierigen Entscheidungssituation. Man muss nur die über vierzig Titel in der Reihe »Ignatianische Impulse« überfliegen, um zu entdecken, in welch vielfältiger Weise ignatianische Spiritualität unser Leben betreffen und bereichern kann. Nun war Ignatius nicht nur ein begnadeter Mystiker und eifriger Seelsorger, sondern auch ein hervorragender Organisator und ein vortrefflicher Leiter seiner Gruppe, die seit den Gelübden der ersten sieben Gefährten auf dem Montmartre in Paris bis zum Tod des Ignatius im Jahre 1556 innerhalb von 22 Jahren auf etwa 1000 Mitglieder, verstreut auf ein Dutzend Länder auf drei Kontinenten, angewachsen ist. Ignatius war nicht nur ein guter Seelenführer, wovon seine inspirierenden Briefe Zeugnis geben, sondern auch ein ausgezeichneter Leiter jener Organisation, die er selbst gegründet und bis zuletzt fest in der Hand hatte. So legt sich die Frage nahe: Was ist das »Geheimnis« seines Leitens? Oder anders ausgedrückt: Gibt es ein »Ignatianisches Leitungsmodell«? Und wenn ja: Kann dieses Modell eine Hilfe sein auch für andere, oft ganz unterschiedliche Leitungssituationen, die Menschen zu bewältigen haben und die weiter oben schon genannt worden sind?

Meine persönlichen Leitungserfahrungen gründen in den Aufgaben, die mir von meinem Orden anvertraut worden sind: als Leiter eines Jugendhauses, als Direktor eines Exerzitien- und Bildungshauses, als Kirchenrektor. Meine wichtigste Lehrzeit waren aber die zwanzig Jahre, in denen ich in drei verschiedenen Häusern und Städten Jesuitengemeinschaften von ganz unterschiedlicher Größe geführt habe. Da ich seit mehr als 25 Jahren regelmäßig Seminare für Eheleute gebe, ist mir auch die Situation in Familien und Partnerschaften nicht fremd. Natürlich ist das vorliegende Buch vor allem aus meinen Erfahrungen in Jesuitengemeinschaften heraus geschrieben; hier bin ich gleichsam »kompetent«. Doch können diese Erfahrungen auch anderswo ihre Gültigkeit haben und eine Hilfe sein in Gemeinschaften von Männern und Frauen, innerhalb der Kirche oder auch außerhalb, im engen Zusammenleben einer Familie wie im großen Verband eines Betriebes. Sich von Ignatius einiges abschauen für das eigene Leiten und Führen von Menschen – das ist das Anliegen dieses Buches.

Die Leserin und der Leser werden bei der Lektüre auf keine raffinierten »Leitungstricks« stoßen, sondern vor allem auf Hinweise, die ganz *selbstverständlich* sind. Das mag für den einen oder die andere eine Enttäuschung sein. Andererseits: Haben wir nicht auch schon selbst die Erfahrung gemacht, dass es gerade die so genannten »Selbstverständlichkeiten« sind, über die die leitende Person stolpert? »Wie konnte sie (oder er) so dumm sein und das übersehen?«, fragt man sich dann. »Wie konnte ich das übersehen?«, habe ich mich über mich selber manchmal geärgert. Leiten verlangt viel Aufmerksamkeit, vor allem für die »Selbstverständlichkeiten«. Deshalb werden gerade jene Bedingungen, die für gutes Leiten nötig und »ganz selbstverständlich« sind, in diesem Buch nicht übersehen.

Für Leser und Leserinnen, die mit den im Jesuitenorden üblichen Bezeichnungen nicht so vertraut sind, braucht es noch einige Erklärungen zum leichteren Verständnis des Buches:

Der Jesuitenorden ist weltweit organisiert in »Provinzen«, die jeweils durch einen »Provinzial« geleitet werden. Die zentrale Leitung in Rom liegt in den Händen des »Generaloberen«. Jede Provinz hat wiederum ihre verschiedenen Niederlassungen, im jesuitischen Sprachgebrauch »Häuser«, in denen eine »Kommunität« von einem »Oberen« geleitet wird. (Der Ausdruck »Kloster« ist im Jesuitenorden nicht gebräuchlich und ist auch falsch, da dieses Wort von seiner Etymologie her einen abgeschlossenen Bezirk bezeichnet, der in den Jesuitenhäusern von Anfang an nicht beabsichtigt war.) Die Bezeichnung »Oberer« für den Leiter einer Jesuitengemeinschaft mag für manche ein wenig eigenartig klingen; es wird beim Lesen des Buches noch genügend klar werden, dass ein Oberer sein Amt nicht »von oben herab« verstehen darf. Jene Häuser, in denen junge Jesuiten ihre Studien machen, werden »Kollegien« genannt; der dort zuständige Obere wird auch als »Rektor« bezeichnet. Die anderen Häuser, in denen vor allem Patres und Brüder wohnen, die in der unmittelbaren Seelsorge tätig sind, werden »Residenzen« genannt und von einem »Superior« geleitet. Es gibt noch weitere kleine Unterscheidungen, die aber für das Verständnis dieses Buches nicht von Bedeutung sind.

Da sich das Buch in gleicher Weise an Männer wie an Frauen richtet, habe ich mich beim Verfassen des Textes um eine inklusive Sprache bemüht, bis auf einige wenige Passagen, wo durch die Doppelform das Lesen allzu mühsam geworden wäre. Ich danke all jenen freundlichen Menschen, die mitgeholfen haben, dass aus einer Idee ein fertiges Produkt geworden ist, das – so hoffe ich – nicht nur mir Freude macht.

Abkürzungen der am häufigsten zitierten Bücher und Texte

Sa   Satzungen der Gesellschaft Jesu, München 1997
EN   Ergänzende Normen zu den Satzungen der Gesellschaft Jesu, München 1997
BU   Ignatius von Loyola, Briefe und Unterweisungen, übers. u. hrsg. von Peter Knauer, Würzburg 1993
Me   Luis Gonçalves da Câmara, Memoriale. Erinnerungen an unseren Vater Ignatius, übers. u. hrsg. von Peter Knauer, Frankfurt 1988
EB   Ignatius von Loyola, Geistliche Übungen, übers. u. hrsg. von Peter Knauer, Würzburg 1998

1. »Keinen anderen Oberen als Ihn«

Man schreibt das Jahr 1537. Ignatius und seine ersten Gefährten warten in Venedig auf eine Möglichkeit zur Überfahrt nach Jerusalem. Um die Zeit zu nützen, verteilen sie sich in Zweier- und Dreiergruppen und halten Straßenpredigten in verschiedenen Städten Oberitaliens. »Als sich der Winter näherte und die politische Situation jede Möglichkeit einer Reise nach Palästina ausschloss, versammelten sich die Gefährten in Vicenza, von wo aus sie sich wieder auf verschiedene Orte verteilten. Bevor sie dies jedoch taten, beschlossen sie, dass sie in Zukunft auf die Frage, wer sie seien, mit ›Gesellschaft Jesu‹ (Compagnia di Gesù) antworten wollten, da sie *keinen anderen Oberen als Ihn hatten*.«[1]

Drei Jahre später, nach vielen Beratungen unter den Gefährten und zähem Ringen mit den Machtinstanzen im Vatikan, ist Ignatius am Ziel: Seine kleine Gruppe wird von Papst Paul III. als kirchlicher Orden bestätigt. Die Bulle *Regimini militantis ecclesiae* beginnt mit dem Satz: »Wer immer in unserer Gesellschaft, von der wir wünschen, dass sie mit dem Namen Jesu bezeichnet werde ... dienen will ...« Es ist der ausdrückliche Wunsch des Ignatius, dass sein Orden den Namen Jesu trägt. Das mag uns heute nicht weiter berühren, war aber damals höchst ungewöhnlich, haben sich doch alle großen Orden bisher nach ihrem Gründer benannt, die Benediktiner, die Franziskaner, die Dominikaner ... Warum also keine Ignatianer? Die eigenwillige Benennung mit dem Namen Jesu dürfte damals manche hohe Herren in der Kirche geärgert haben, weil sie als Arroganz empfunden worden ist. Doch Ignatius wählt diesen Namen nicht, um zu provozieren, sondern um von Anfang an klarzustellen: Diese Gemeinschaft und jedes einzelne Mitglied stehen letztlich nicht unter der Leitung des Gründers oder des gewählten Generaloberen und auch nicht des Papstes, sondern unter der Leitung Jesu Christi. Das mag zunächst wie eine fromme Formel klingen. Wir werden aber sehen, wie diese Überzeugung des Ignatius immer wieder ganz konkrete Auswirkungen beim Leiten seiner Gemeinschaft hat.

Wenn wir nach einem »Ignatianischen Leitungsmodell« suchen, müssen wir bei Jesus Christus beginnen. Er ist das Zentrum, um das sich das ganze Denken und »Vorangehen« des Ignatius dreht. Er ist wie die Nabe in einem Wagenrad, die die einzelnen Speichen zusammenführt und festhält. Eine Speiche kann fehlen, ohne dass das Rad in seinem Lauf wesentlich behindert wird; doch wenn die Nabe fehlt, bricht das Rad zusammen. »Für mich ist Jesus Christus *alles*. Nur so kann ich ausdrücken, was Jesus Christus in meinem Leben bedeutet: alles. Er war und ist mein Ideal seit meinem Eintritt in die Gesellschaft Jesu, er war und bleibt mein Weg und ist immer noch meine Stärke. Ich denke, es ist nicht nötig, viel zu erklären, was das heißt: Nehmen Sie Christus aus meinem Leben, und alles wird zusammenstürzen, wie ein Körper, dem man das Skelett, den Kopf und das Herz wegnimmt.«[2] Diese Sätze stammen nicht von Ignatius, sondern von einem seiner Nachfolger als Generaloberer der Gesellschaft Jesu, Pedro Arrupe, einer beeindruckenden charismatischen Persönlichkeit, der in dieser Reihe der *Ignatianischen Impulse*[3] ein eigenes Bändchen gewidmet ist. Ignatius würde dieses Bekenntnis bejahen: Nur von Jesus Christus her ist er zu verstehen – auch in seinem Leitungsstil.

Mit dieser klaren Ausrichtung auf Jesus Christus bringt Ignatius im Grunde nichts Neues, sondern folgt nur dem Wort der Bibel, allerdings mit ganzer Konsequenz: »... einer ist euer Meister, ihr alle aber seid Brüder ... einer ist euer Lehrer: Christus. Der Größte unter euch soll euer Diener sein« (Mt 23,8ff.). Wer immer Menschen leitet und führt, im familiären Bereich als Vater oder Mutter, im kirchlichen Bereich als Pfarrer oder Pfarrerin, als Pastoralassistentin oder Ordensoberer, ja auch als Lehrerin in der Schule oder als Chef in einem Betrieb, soll – sofern diese Aufgabe aus einer gläubigen Grundhaltung heraus getan wird – wissen, dass er oder sie an dieser Stelle Christus »vertritt«. Christus ist derjenige, der jeden Menschen und jede religiöse Gemeinschaft letztlich führt. Er ist derjenige, der die leitende Person »in Dienst nimmt«. Manfred Scheuer, Bischof der Diözese Innsbruck, schreibt dazu: »Das Leitungsamt darf nicht der eigenen Anmaßung entspringen, es ist nicht eigenes Produkt, auch nicht nur eine Frage der Kompetenz. Es entspringt vielmehr der Wahl Christi: ›Nicht ihr habt mich erwählt, sondern ich habe euch erwählt‹ (Joh 15,15). Solche Leitung ist orientiert am Beispiel Jesu und orientiert an den Menschen: Leitung wird anvertraut, damit andere Leben in Fülle haben (Joh 10,10).«[4] Teilhabe am Hirtenamt Jesu Christi verwirklicht sich nicht nur im priesterlichen Dienst, sondern überall dort, wo gläubige Menschen im Vertrauen auf *den* Hirten Jesus Christus andere Menschen leiten und führen.

Sich als Leiter oder Leiterin wichtig nehmen

Daraus ergibt sich eine konkrete Spannung, denn die Person, die im oben beschriebenen Sinne leitet, soll

»sich wichtig nehmen«, aber sie soll sich zugleich »nicht *allzu* wichtig nehmen«. Was ist damit gemeint?
Wer leitet, soll sich *wichtig* nehmen: Die leitende Person trägt Verantwortung. Auf sie schauen die anderen. Nach ihr können sie sich ausrichten, an sie können sie sich halten. Die Zwölf, die Jesus zu Aposteln beruft, müssen »vortreten« (Mk 3,13). Von nun an können sie sich nicht mehr in der Masse der Männer und Frauen, die Jesus nachfolgen, verstecken. So steht auch jeder, der im Geiste Jesu Menschen führt, »im Rampenlicht«. Er muss seine Verantwortung ernst nehmen; und deshalb soll er sich selbst wichtig nehmen. Die Qualität des Leiters bestimmt zu einem guten Teil die Qualität der Gruppe, die er führt. In den *Richtlinien für die Hausoberen* des Jesuitenordens (Nr. 5) findet man den unmissverständlichen Satz: »Der Fortschritt und eine gute Leitung der Gesellschaft (Jesu) hängen zum großen Teil von den Hausoberen ab, und allgemein gesagt, werden die Gefährten das sein, was die Oberen sind.«
Es gibt für diejenigen, die an der Spitze stehen, zweifellos die Versuchung, »abzuheben« und selbstherrlich zu agieren. Doch auch das Gegenteil ist möglich und genauso schlecht: Dass nämlich der Leiter oder die Leiterin aus einem falsch verstandenen »Wir sind alle Brüder und Schwestern« oder einfach aus persönlicher Schwäche jenen Platz nicht einnimmt, der ihm/ihr zukommt, und versucht, in der Masse zu »verschwinden«. Wer zur Leitung berufen ist, muss diese Aufgabe auch wahrnehmen. Demut darf nicht mit Feigheit verwechselt werden. Die Unfähigkeit, die eigene Rolle wahrzunehmen und auszufüllen, kann schlimme Folgen haben.
Michael Winterhoff beschreibt in seinem Buch »Warum unsere Kinder Tyrannen werden«, das lange an der

Spitze der Bestsellerlisten zu finden war, verschiedene Formen von Fehlverhalten gegenüber Kindern in Familien und Kindergärten. Eine Störung kann auch eine Form von Partnerschaftlichkeit sein, die das Kind überfordert und ihm die Phase seines Kindseins raubt; sie ist besonders häufig zu finden bei allein erziehenden Müttern oder Vätern, für die das Kind auch Partnerersatz wird. »Erwachsener und Kind begeben sich auf die gleiche Ebene und rangieren auf Augenhöhe nebeneinander, so dass keiner dem anderen eine Richtung vorgeben kann. Dieser moderne Umgang mit dem Kind gilt heute in der Gesellschaft als vollkommen normal.«[5] Nur wenn Eltern ihre Rolle als Mutter oder Vater genügend wahrnehmen und sich gegenüber dem Kind auch abgrenzen, kann das Kind auch Kind sein, kann es jene Phase des Kindseins durchlaufen, auf die es ein Anrecht hat und die für seine weitere Entwicklung von hoher Bedeutung ist.

Doch zurück zu Ignatius: Er wird nicht müde, die Bedeutung des Oberenamtes in dem von ihm gegründeten Orden herauszustreichen, und betont immer wieder, dass nur die Besten als Obere für die einzelnen Gemeinschaften eingesetzt werden dürfen. Umgekehrt müssen die Mitglieder einer Gemeinschaft den Oberen »als den, der die Stelle Christi unseres Herrn einnimmt, in großer Achtung und Ehrfurcht halten« (Sa 424). Der Obere soll mit jener Autorität auftreten, die ihm kraft seines Amtes zusteht; zugleich soll er dieses Amt als einen Dienst an den Mitbrüdern verstehen, gerade weil er die Stelle Christi in der Gemeinschaft einnimmt und seinem Beispiel folgen soll. »Die Leitung in der Gesellschaft soll immer eine geistliche sein, durch die die Mitglieder von ihren Oberen eher durch die kluge Liebe als durch äußere Gesetze geführt werden. Die Oberen sollen sich ihrer Verantwortung vor Gott bewusst sein und ihrer Pflicht, ihre Untergebenen als Söhne Gottes und in Achtung der menschlichen Person zu leiten, energisch, wo es nötig ist, ehrlich und offen« (EN 349,1). Es lohnt sich, diese Sätze in Ruhe zu meditieren. Sie könnten auch über den Jesuitenorden hinaus die Basis für ein gutes Leitbild sein.

Sich nicht allzu wichtig nehmen

Wer leitet, soll sein Amt und sich selber wichtig nehmen. Er (oder sie) soll sich aber nicht *allzu* wichtig nehmen. Er soll sich wichtig nehmen, weil er an Stelle Christi diese Aufgabe erfüllt. Er soll sich nicht allzu wichtig nehmen, weil er einen Dienst erfüllt, bei dem er ohne die »Kraft von oben« auf verlorenem Posten steht. Wer leitet, soll sich immer wieder einmal ins Bewusstsein rufen: »Ich bin für Gott nur *eine* Möglichkeit, um jene Menschen, für die ich mich verantwortlich fühle, einen guten Weg zu führen. Er ist nicht auf mich angewiesen; er hat auch andere Möglichkeiten und er hat mehr Phantasie als wir Menschen.« Solches Denken will die Wichtigkeit meines Leitens nicht abwerten; sondern es will entlasten.

In der Bibel wird diese Einstellung zum eigenen Tun durch das Gleichnis von der selbst wachsenden Saat ausgedrückt. Der Sämann streut den Samen in den Ackerboden; er tut seine Pflicht und legt sich dann zur Ruhe. »Und es wird Nacht und Tag; der Same keimt und wächst, und der Mann weiß nicht wie. Die Erde bringt von selbst ihre Frucht, zuerst den Halm, dann die Ähre, dann das volle Korn in der Ähre. Sobald aber die Frucht reif ist, legt er die Sichel an, denn die Zeit der Ernte ist da« (Mk 4,26–29). Hans Schaller vermerkt in

einem Kommentar zu dieser Bibelstelle: »Das Gleichnis ist keine Einladung zur Bequemlichkeit. Das versteht sich von selbst. Es weist vielmehr auf eine geistliche Verpflichtung hin, zu unserem eigenen Tun und Wirken eine innere Freiheit und Distanz zu gewinnen und vor allem ein Vertrauen, das uns einerseits dahin engagiert, die Sache durchaus ernst zu nehmen, weil es um das Reich Gottes geht, andererseits uns selber nicht allzu wichtig, weil wir nur Knechte und Diener sind.«[6]
Das Gleichnis kann auch ein Trost für jene Eltern sein, die sich Sorgen um ihre heranwachsenden Kinder machen, die sich manchmal so ganz anders entwickeln, als es die Eltern erhofft haben. Dann kann man häufig Selbstvorwürfe hören: »Was haben wir denn falsch gemacht? Wo haben wir als Eltern versagt?« Es gibt keine Eltern, die keine Fehler bei der Erziehung ihrer Kinder machen, auch wenn sie sich noch so sehr bemühen. Doch die Liebe und Sorge, die sie ihren Kindern durch zwanzig Jahre und mehr geschenkt haben, der Same, den sie ausgestreut haben, geht nicht verloren. Die Frucht braucht oft lange, bis sie sichtbar wird, und von Eltern wird manchmal viel gläubiges Vertrauen verlangt, damit sie jene Menschen, die ihnen am liebsten sind und am nächsten stehen, in Gottes Führung übergeben können.
Bekannt ist die Geschichte, die von Papst Johannes XXIII., Giovanni Roncalli, erzählt wird: Als der Beginn des Konzils, das der schon betagte Papst zur Überraschung der ganzen Kirche einberufen hatte, immer näher rückte, überfielen den mutigen Papst mehr und mehr die Zweifel, ob denn auch alles gut gehen würde. Bis in den Schlaf verfolgte ihn die Angst. Da hatte er einen Traum, dass Jesus ihm erschien und zu ihm sprach: »Giovanni, nimm dich nicht so wichtig.« Wenn

sich selbst der oberste Leiter der katholischen Kirche nicht allzu wichtig nehmen soll, dann gilt dasselbe auch für alle anderen, die in einer Leitungsaufgabe stehen. Wer die rechte innere Distanz zu dieser Aufgabe aufbringt, schläft wieder gut!

Im Jesuitenorden sind alle Oberenposten – mit Ausnahme des Generaloberen – auf eine Amtszeit von sechs Jahren begrenzt. Eine Verlängerung wird nur ungern und nur bei einsichtiger Begründung gewährt. Diese strikte Regelung kann verwundern, denn bei sechs Jahren muss sich der Obere »beeilen«, wenn er etwas voranbringen will. Auf der anderen Seite hat die Begrenzung der Amtszeit auch ihre Vorteile:

- Die Wahrscheinlichkeit, dass man Regelungen, die sich nicht bewährt haben, ständig weiterschleppt, ist nicht so groß, wenn schon nach sechs Jahren ein »Neuer« kommt, der die Dinge mit mehr Unvoreingenommenheit sieht.
- Und auch die Gefahr, dass sich die Führungskraft mit einer Hausmacht umgibt, die nur aus Claqueuren besteht, ist geringer, wenn die Amtszeit kürzer ist.

Heute würde eine Unternehmensberatung diese Überlegungen sicher begrüßen. Ob sich schon Ignatius von solchen Ideen leiten ließ, als er die Amtszeit der Oberen auf ein festes Maß begrenzte, ist ungewiss. Doch von *einer* Tatsache war er sicher überzeugt, nämlich dass jeder, auch der beste Obere, austauschbar ist und ersetzt werden kann. Deshalb soll er sich nicht allzu wichtig nehmen.

Die Vertrautheit mit Gott

Kehren wir nochmals an den Ausgangspunkt unserer Überlegungen zurück. Willi Lambert schreibt in seinem Buch »Aus Liebe zur Wirklichkeit«: »Der ignatianische Leitungsstil ist geprägt vom Blick auf Jesus Christus. Er ist das ›Modell‹. ›Unsere Weise, im Herrn voranzugehen‹, heißt es immer wieder. Von diesem Ansatz her zeigt sich, dass jede rein organisatorische, strategische Auslegung (des ignatianischen Leitens) danebengreift, und es wird verständlich, dass alles, was im Leben des Ignatius Gestalt annahm, aus dem Geist des Gebetes und der Verbundenheit mit Gott entstand.«[7] »Hast du schon damit gebetet?« lautet eine typische Frage des Ignatius an seine Mitbrüder, wenn sie mit einem Problem zu ihm kommen.

Im zweiten Kapitel des 9. Teils der Satzungen der Gesellschaft Jesu, das mit den Worten »Wie der Generalobere sein soll« betitelt ist, zeichnet Ignatius ein Bild des Oberen, das für jeden, der in seinem Geiste leiten will, eine ständige Herausforderung bleibt. Manche meinen, dass sich Ignatius in den zehn Punkten dieses Kapitels selbst einen Spiegel vorgehalten hat. Das Kapitel beginnt mit dem folgenden Satz: »Bezüglich der Eigenschaften, die beim Generaloberen gewünscht werden müssen, ist die *erste*, dass er sehr mit Gott unserem Herrn verbunden und mit ihm im Gebet und in allen seinen Handlungen vertraut ist« (Sa 723). Aus der Vertrautheit mit Gott wächst die Gewissheit, mit der Aufgabe des Leitens nicht allein zu sein. Aus der Vertrautheit mit Gott fließen Kraft und Zuversicht auch in schwierigen Zeiten. Aus der Vertrautheit mit Gott ergibt sich das feine Gespür für die »Unterscheidung der Geister«, wenn heikle Entscheidungen anstehen. Zu ihm kann ich für jene Menschen, für die ich als Leiterin oder Leiter verantwortlich bin, beten, damit er das ergänzt, was an meiner Arbeit unfertig geblieben ist. Der regelmäßige Blick auf den, der letztlich dafür »zuständig« ist, dass mir Menschen zur Leitung anvertraut worden sind, hilft mir auch zur rechten Distanz zu meinem Amt, die wichtig ist, um in meiner Aufgabe nicht ganz aufzugehen und möglicherweise auch *unter*zugehen.

Das eigene Beten ist zu intim, als dass Menschen gern davon erzählen. Wenn es doch geschieht, so ist das ein Geschenk, für das man dankbar ist. Ich habe dabei immer wieder gestaunt, wie viel Zeit Frauen und Männer, von denen man weiß, dass sie »wahnsinnig viel zu tun haben«, dem Gebet widmen. Häufig sind es Menschen, die auch durch Leitungsaufgaben sehr in Anspruch genommen sind. Sie haben erfasst, dass die Frucht, die sie aus dem regelmäßigen Gebet für ihre Aufgabe ziehen, durch nichts zu ersetzen ist, auch nicht durch einen noch so stürmischen Arbeitseinsatz.

2. Wie Ignatius die Gesellschaft Jesu leitet

Der Jesuitenorden wird häufig mit Begriffen wie »straffe Disziplin« oder »strenger Gehorsam« assoziiert. Die Frage, ob die »Söhne« des heiligen Ignatius heute tatsächlich so gehorsam sind wie der Ruf, der ihnen vorausgeht, muss hier nicht beantwortet werden. Eines steht jedenfalls fest: Für Ignatius ist nicht der Gehorsam, den er seinen Mitbrüdern abverlangt, der »Zauberstab« seines Leitens. P. Gonçalves da Câmara, Zeitgenosse und Mitglied der gleichen Kommunität, in der Ignatius seine letzten Lebensjahre verbracht hat, schreibt in seinen Tagebuchnotizen über ihn: »Immer ist er mehr zur Liebe geneigt, ja sogar so sehr, dass er ganz Liebe scheint. Und so wird er so universal von allen geliebt, dass man keinen in der Gesellschaft kennt, der nicht eine sehr große Liebe zu ihm hätte und der nicht urteilt, er werde sehr vom Vater geliebt« (Me 86). Zunächst ist es die Liebe, mit der Ignatius die Gesellschaft Jesu leitet, und nicht das Gehorsamsgelübde.

Jene Menschen, die man leiten soll, auch noch zu lieben, steht vielleicht einem Heiligen zu, für den Normalfall klingt das aber nach einer Überforderung. Denn es gibt ja nicht nur die sanften, anpassungsfähigen, liebenswürdigen Menschen, sondern auch die störrischen und eigenwilligen, diejenigen, die gegenüber jeder Leitungsperson von vornherein ihre Stacheln aufstellen. So wie Ignatius seinen schwierigen Bobadilla hatte – wir werden im vierten Kapitel darauf noch ausführlich zu sprechen kommen –, müht sich fast jeder Leiter und jede Leiterin auch mit Leuten ab, die ihm bzw. ihr das

Leben schwer machen. Ist es nicht eine Heuchelei, hier von Liebe zu sprechen? Mag sein! Doch es ist wichtig, ja sogar entscheidend für das Gelingen meines Leitens, mich zu fragen: In welcher inneren Einstellung begegne ich den Menschen, die ich leite? Ist es eine grundsätzliche Sympathie, ein Wohlwollen oder ist es eine Haltung, die von Misstrauen, Angst, Widerwillen oder auch Rachegefühlen geprägt ist? Wenn ich nicht »ein bisschen Liebe« aufbringe, fehlt die Grundvoraussetzung für ein geglücktes Leiten.

Sich lieben lassen

Wie kommt Ignatius zu dieser umfassenden Liebe? Seine Mitbrüder haben es ihm ja auch nicht immer leicht gemacht, sie zu lieben. Lieben heißt für Ignatius zuerst einmal, sich *lieben zu lassen*. Lieben heißt, die Zusage Gottes in sich ankommen zu lassen, von ihm geliebt zu werden. Der geistliche Prozess, den Ignatius in seinem Exerzitienbuch niedergeschrieben hat, findet seine Zusammenfassung in der »Betrachtung zur Erlangung der Liebe«. Dort heißt es: »Schauen, wie alles Gute und alle Gabe von oben herabsteigt … gleichwie von der Sonne absteigen die Strahlen, von der Quelle die Wasser« (EB 237). Ignatius ist ein Mensch, der sich reich beschenkt erfährt, jeden Tag aufs Neue. Weil er sich von Gott geliebt weiß, fällt es ihm nicht schwer, Liebe zu schenken. »Wenn er im Haus einen Bruder traf, zeigte er ihm ein Gesicht und eine solche Liebenswürdigkeit, als wolle er ihn in seine Seele aufnehmen« (Me 89), berichtet uns Gonçalves da Câmara.

Das wichtigste Gebet, das seine Mitbrüder nie auslassen sollen, ist für Ignatius das »Examen«, ein Tagesrückblick in Form eines Gespräches mit Gott. Dieser

Rückblick ist aber nicht eine »klassische« Gewissenserforschung, bei der ich eifrig alle meine Fehler und Sünden sammle, um sie zu bereuen und dann mit »reinem Herzen« einschlafen zu können, sondern das Examen beginnt mit dem »Dank für die empfangenen Wohltaten« (EB 43), also mit dem Blick auf das Geglückte in meinem Leben. Wer sich ständig auf seine Sünden konzentriert, wird wenig Grund zum Lachen haben. Wer seinen Blick auf das richtet, was ihm geschenkt worden ist und was er selber anderen schenken konnte, wird jene Liebenswürdigkeit ausstrahlen können, wie sie uns von Ignatius berichtet wird.

Manche Menschen tun sich schwer, sich lieben zu *lassen:* Jedes freundliche Wort erhält eine brummige Antwort, jedes Lob wird zurückgewiesen und jede Anerkennung wird reduziert auf ein »Das ist ja gar nichts Besonderes«. Die Abweisung dieser Menschen ihren Mitmenschen gegenüber lässt vermuten, dass sie sich Gott gegenüber nicht anders verhalten. Wer sich nicht von anderen lieben lässt, wird sich bald selbst nicht lieben können. Wer sich aber selbst nicht liebt, wie soll der andere lieben können? Ignatius nimmt sich jeden Tag Zeit, um darüber nachzudenken, was ihm an Liebe geschenkt wird, von Gott und von den Menschen. Das ist für ihn die »Quelle der Liebe«, aus der er schöpft, um sie an andere weiterzugeben.

Im 13. Kapitel des 1. Korintherbriefes schreibt Paulus in hymnischen Sätzen das so genannte »Hohelied der Liebe« nieder. Auf unzähligen Trauungen haben wir diesen wunderschönen Text schon gehört. Im Alltag einer Familie oder einer Ordensgemeinschaft, einer Pfarrgemeinde oder eines Büroteams gestaltet sich Liebe bedeutend nüchterner. Ich möchte hier drei Möglichkeiten ausführen, wie Liebe von Seiten der Leite-

rin oder des Leiters erfahrbar werden kann:
im »Da sein«,
im »Hinhören«,
im »Sich bücken«.

Da sein

Meinen letzten Oberenposten übte ich in München als Rektor eines Kollegs mit über fünfzig Jesuiten im Alter zwischen 25 und 90 Jahren aus. Einige Wochen vor meinem Dienstantritt fuhr ich dorthin, um mir an Ort und Stelle ein Bild von meinem neuen Arbeitsplatz zu machen. Einem Mitbruder gestand ich mein mulmiges Gefühl vor dieser neuen Aufgabe: die große Kommunität, die andere Jesuitenprovinz, die fremde Stadt ... Der versuchte mich zu trösten und sagte: »Weißt du, eigentlich läuft hier ohnehin alles von selbst – aber es ist doch gut, wenn ein Rektor da ist.« Ich bin dem Mitbruder heute noch dankbar für diese freundlichen Worte; hinter ihnen verbirgt sich viel Weisheit und ein gutes Gespür für rechtes »ignatianisches Leiten«.
»Es ist gut, wenn die leitende Person *da ist*.« Das ist in Zeiten, da in Diözesen und Ordensgemeinschaften eine immer bedrängendere Personalnot herrscht und in Familien beide Elternteile arbeiten, oft auch arbeiten *müssen,* keineswegs selbstverständlich. Aber es gibt eine Form von Liebe, die nur durch die tatsächliche Präsenz vermittelt werden kann und die nicht durch einen noch so intensiven Handy- und Mailkontakt ersetzt werden kann. »Schön, dass du wieder da bist!« Ich habe diese Begrüßung von meinen Mitbrüdern häufig gehört, wenn ich von einer Reise zurückgekommen bin. Der Gruß tat mir wohl, und es tat offenbar auch den Mitbrüdern wohl, dass ich wieder da war.

Ignatius war nach seiner Bekehrung auf dem Krankenbett auf dem heimatlichen Schloss in Loyola viel unterwegs: Manresa, Jerusalem, Barcelona, Salamanca, Paris, Venedig ... Doch als ihn die Gefährten – gegen sein heftiges Sträuben – zum ersten Leiter ihrer noch kleinen Gemeinschaft gewählt hatten, blieb er in Rom und bewegte sich von dort nicht mehr weg bis zu seinem Tod. Gewiss, heute leben wir in einer ganz anderen Zeit. Ob Ignatius, wäre er heute Generaloberer der Gesellschaft Jesu, viel unterwegs wäre und mit seinem Handy und PC den Orden aus der Ferne leiten würde oder ob er nicht doch vor allem in der Generalskurie in Rom anzutreffen wäre: Darüber lässt sich streiten.

Eine Mutter erzählte mir von ihrer (damals) kleinen Tochter, die eben in die Schule gekommen war: »Die wichtigste Stunde für mich ist die, wenn Katrin von der Schule nach Hause kommt. Da sprudelt sie über von den Erlebnissen des Schultags und ich kann so an ihrem Leben teilhaben. Da möchte ich zu Hause sein! Ein wenig später sind diese Erfahrungen schon wieder von Neuem überlagert und ich erfahre nichts mehr.« Da sein: Aus beruflichen Gründen ist das den Eltern oft nicht möglich. Das ändert aber nichts an der Tatsache der Wichtigkeit der persönlichen Präsenz, besonders wenn Kinder noch klein sind.

Hinhören

Damit ist bereits angesprochen, in welcher Form sich Liebe noch zeigt: im Hinhören. Die Bibel erzählt uns von Salomo, dem König von Israel, das zu seiner Regierungszeit ein großes Volk war. Salomo ist ein frommer Mensch; »er liebte den Herrn« (1 Kön 3,3). Deshalb wird ihm auch eine Bitte gewährt, die Gott bereit ist zu erfüllen. Doch Salomo wünscht sich nicht Reichtum und Macht oder ein starkes Heer, um alle Feinde besiegen zu können, sondern ein »hörendes Herz« (1 Kön 3,9), damit er sein Volk recht zu regieren weiß. Nicht nur mit den Ohren, sondern auch mit dem Herzen zu hören ist eine Kunst, die viel Geduld und wohlwollende Aufmerksamkeit verlangt. Man kann Menschen begegnen, die glänzende Redner, gescheite Diskutanten, anregende Unterhalter sind; doch sobald sie in die Rolle des Zuhörers oder der Zuhörerin wechseln sollen, nimmt ihre Aufmerksamkeit am Gespräch sichtlich ab und bald verabschieden sie sich aus der Runde. Menschen, die nur gut reden können, sind deswegen nicht schon besonders geeignet für eine Leitungsaufgabe. Es fehlt ihnen das »hörende Herz«, das Salomo zu einem so vortrefflichen König seines Volkes gemacht hat.

Ignatius war das gute Hinhören sehr wichtig. Am Konzil von Trient im Jahre 1546 sollten auch Jesuiten als Berater teilnehmen. Ignatius berief die Patres Jay, Laínez und Salmerón und gab ihnen ein längeres Schreiben mit, das den Titel »Instruktion für die Tagung in Trient« trägt. Sehr ausführlich beschreibt er darin, wie sich die drei Mitbrüder auf dem Konzil verhalten sollten. Im dritten Punkt schreibt er: »Ich wäre langsam im Sprechen, indem ich das Hören für mich nutze; ruhig, um die Auffassungen, Gefühle und Willen derjenigen, die sprechen, zu verspüren und kennen zu lernen, um besser zu antworten oder zu schweigen« (BU 112). Man könnte diesen Satz »die goldene Regel der Kommunikation des Ignatius«[8] bezeichnen. Nur wer gut hinhören kann, kann auch gut führen.

Während meiner Zeit als Rektor eines Kollegs wurde ich immer wieder einmal von Menschen, die den Jesuitenorden nicht so gut kennen, höflich gefragt: »Was tun Sie eigentlich?« Auf meine Antwort: »Ich bin Oberer einer Jesuitenkommunität«, kam fast sicher die nächste Frage: »Interessant, und was tun Sie sonst?« Wie soll ich diesen Menschen erklären, dass so ein Oberenposten ein Fulltime-Job sein kann und dass ich Stunden um Stunden damit verbringe, mit den Mitbrüdern zu sprechen und ihnen zuzuhören. Jeder von ihnen hat seine eigene Geschichte, seine eigene Herkunft und Entwicklung, seine Träume und Ängste und (wie jeder Mensch) seine Sehnsucht nach Anerkennung und Würdigung, nach Freundschaft und Geborgenheit. Zu den vorrangigen Aufgaben eines Oberen gehört es, diese Sehnsucht zu erfüllen, indem er dem Mitbruder sagt, dass er gute Arbeit leistet, und indem er dem Mitbruder vermittelt, dass es schön ist, mit ihm in derselben Kommunität zu leben, dass man ihn schätzt und liebt – wie das auch schon Ignatius seinen Mitbrüdern gesagt hat.

»Sich bücken«

Es ist schon klar geworden, dass die Liebe, von der hier gesprochen wird, nicht bloß ein »warmes Gefühl«, sondern oft harte Arbeit ist. Sie bedarf des täglichen Mühens, der Aufmerksamkeit, der Rücksichtnahme, der Geduld, des Verzichts. Ein eindrucksvolles Beispiel von dieser Liebe des Meisters zu seinen Jüngern finden wir in der Bibel, im Johannes-Evangelium (13,1ff.). Der Abschnitt beginnt mit den Worten: »Da Jesus die Seinen liebte, liebte er sie bis zum Äußersten.« Dann steht er vom Mahl auf und beginnt den Aposteln die Füße zu waschen. Aus der Parallelstelle bei Lukas wissen wir, was dieser Szene vorausgegangen ist und was wohl der

Auslöser für diese Aktion war. Die Jünger hatten sich am Weg zum Abendmahlssaal wieder einmal ihrem Lieblingsthema gewidmet, nämlich der Frage, wer unter ihnen wohl der Größte sei. Jesus gehen diese Diskussionen schrecklich »auf den Nerv«. Da aber alle tadelnden Worte bisher nichts genützt haben, schreitet er nun zur Tat und setzt ein Zeichen: Er steht auf, bindet sich ein Tuch um, bückt sich und beginnt seinen Jüngern die Füße zu waschen.

Es gibt viele Situationen, wo sich ein Leiter oder eine Leiterin in der Rolle des Füße waschenden Jesus wiederfindet und *»sich bücken«* muss: ein bockiges Kind mit vielen freundlichen Worten aus dem Schmollwinkel hervorholen; einen völlig unnötigen Streit unter den MitarbeiterInnen schlichten; das ständig wiederkehrende Nörgeln einer Mitschwester oder eines Mitbruders geduldig anhören und sie/ihn bitten, doch wieder zur Gemeinschaft zurückzufinden; die Eifersüchteleien in einer Pfarrgemeinde aushalten und nicht müde werden, die erhoffte Anerkennung zu verteilen … Das sind keine angenehmen Aufgaben! Es kann sich die Frage melden: »Habe ich das nötig? Muss ich mir das antun?« Es sind Situationen, die eine harte Herausforderung an die eigene Selbstachtung und Würde als Leiter oder Leiterin sind. Doch als Jesus den zutiefst betroffenen Jüngern die Füße gewaschen hat und sich wieder erhebt, betont er mit einem Nachdruck wie sonst nirgends im Evangelium: »Ihr ruft mich ›Meister‹ und ›Herr‹, und mit Recht sagt ihr das; denn ich bin es« (Joh 13,13). Nicht im selbstherrlichen Auftreten und im wortgewaltigen Verordnen zeigt der Leiter oder die Leiterin seine/ihre wahre Größe, sondern im geduldigen Dienst an jenen Menschen, die ihm/ihr anvertraut sind und für die er oder sie sich manchmal »tief hinabbeugen« muss. Da wird Liebe sehr konkret, »Liebe bis zum Äußersten«!

In den letzten Jahrzehnten lässt sich in kirchlichen Kreisen ein gesteigertes Interesse an einer Professionalisierung des Leitungswesens beobachten. Die Verantwortlichen in Diözesen und Ordensgemeinschaften sorgen dafür, dass diejenigen, die hauptberuflich in der Leitung tätig sind, dafür auch gezielt ausgebildet werden. Pfarrer und PastoralassistentInnen, Ordensfrauen und Ordensmänner besuchen Seminare zur Erlernung von Führungstechniken und Kurse mit ähnlicher Zielrichtung. Das ist ein wichtiger Schritt zu mehr Kompetenz für die mit Leitungsaufgaben betrauten Frauen und Männer. Dabei darf aber jene grundsätzliche Einstellung nicht in Vergessenheit geraten, welche die Gemeinschaften und Betriebe, die aus dem Geist Christi heraus geleitet werden sollen, vor allem auszeichnen muss, nämlich die Menschlichkeit und die Liebe. Ignatius hat diese Notwendigkeit für seinen Orden mit klaren Worten festgelegt: »Das hauptsächliche Band auf beiden Seiten für die Einheit der Glieder untereinander und mit dem Haupt ist die Liebe Gottes unseres Herrn; denn wenn der Obere und die Untergebenen sehr mit seiner göttlichen und höchsten Güte vereint sind, werden sie sich sehr leicht untereinander selbst durch dieselbe Liebe vereinen« (Sa 671). Ignatius ermahnt seine Mitbrüder, immer wieder zurück »zu den Wurzeln« zu gehen, zur Liebe Gottes, die alle Menschen und in besonderer Weise den Oberen und die von ihm geführten Mitbrüder miteinander verbindet. Wenn der Obere diese Liebe nicht vermitteln kann, ist seine »Führungskompetenz« nicht viel wert.

»Du hast versprochen, mich zu achten«

Wenn zwei Menschen heiraten und sich vor Gott durch ihr Ja-Wort für immer aneinanderbinden, versprechen sie sich die Treue mit den Worten: »Ich will dich lieben, achten und ehren, solange ich lebe.« *Liebe* und *Achtung* sind nicht dasselbe, hängen aber doch eng miteinander zusammen. Wo Liebe nur mehr schwer möglich ist, kann doch Achtung gefordert sein. Ein Ehepaar erzählte mir in diesem Zusammenhang eine köstliche Geschichte. Man muss dazu wissen, dass die Frau eine spontane, wortfreudige Person ist, während er ein ruhiger Typ ist, der mit den rechten Worten ringt. Das hat zur Folge, dass er bei Auseinandersetzungen, wie sie eben im ehelichen Alltag vorkommen, die schlechteren Karten hat. Wenn nun ihre Vorwürfe immer härter werden und gar kein Ende mehr nehmen wollen, setzt er sich zur Wehr, indem er einwirft: »Du hast in der Kirche versprochen, mich zu *achten*!« Da mag auch ein bisschen Humor mit im Spiel sein; aber die beiden haben etwas Wichtiges erkannt: Auch wenn ich mich über einen Menschen ärgere, darf ich ihm nicht seine Würde absprechen, nicht mit Worten und auch nicht in meinem Herzen. Die Achtung, der Respekt, die Ehrfurcht vor der Würde und Einmaligkeit eines Menschen müssen auch das Leiten prägen. Schon für ein Kind ist es sehr wichtig, dass es von seinen Eltern diese Achtung erfährt. Wenn ein Kind immer wieder zu hören bekommt: »Du bist dumm; du bist ein Versager; du bist eine Schande für unsere Familie«, zerstören diese Vorwürfe systematisch sein Selbstbewusstsein und fügen ihm unter Umständen einen Schaden zu, der nicht mehr zu beheben ist. Dagegen bringt eine lobende Bemerkung – »Das hast du gut gemacht; ich bin stolz auf dich« – die Augen des Kindes zum Strahlen und sein kleines Ich zum Wachsen.

Die Achtung vor einem Menschen beginnt mit der *Beachtung*. Dazu finden wir im Evangelium eine bekannte Geschichte: die Erzählung vom Zöllner Zachäus (Lk 19,1–10). Zachäus ist Zolleintreiber. Dieser Beruf war lukrativ, denn ein Zöllner konnte die Leute leicht übers Ohr hauen und in die eigene Tasche wirtschaften. Zachäus hat diese Möglichkeit genutzt und es zu einigem Reichtum gebracht, wie der Text vermerkt. Doch das hat auch seinen Preis. Bei den Leuten ist Zachäus unbeliebt; sie wissen, dass er sie ausbeutet. Deshalb wollen sie auch jetzt, wo der große Rabbi vorbeikommen soll, mit ihm nichts zu tun haben. Sie drehen ihm den Rücken zu, und Zachäus, von Statur ein kleiner Mann, hat keine Chance, in der Menschenmenge ganz nach vorne zu kommen, wo er etwas sehen könnte. Das stört ihn nicht weiter; er mag die Menschen genauso wenig wie sie ihn. Doch er hat eine Idee: Er steigt auf einen Baum. Von dort oben hat er einen ausgezeichneten Überblick. Dann kommt Bewegung in die Reihen: »Der Rabbi kommt!« Tatsächlich: Jesus nähert sich. Als er direkt unter dem Feigenbaum steht, in dessen Krone Zachäus hockt, geschieht etwas Eigenartiges. Jesus schaut hinauf und erblickt den kleinen Mann. Und wie auf ein Kommando richten sich auch die Blicke aller anderen auf ihn. Zachäus, der eben noch ganz außerhalb des Geschehens war, steht nun im Mittelpunkt – weil Jesus ihn erblickt hat. Zur allgemeinen Überraschung lädt sich Jesus auch noch bei Zachäus zum Essen ein. Was für eine Ehre! Voll Freude rutscht der kleine Mann den Baumstamm herunter und bereitet ein großes Mahl. Dann winkt er Jesus zur Seite und sagt ihm: »Ich werde alle Leute, die ich betrogen habe, reichlich entschädigen und außerdem die Hälfte meines Vermögens an die Armen verschenken.« Seinen Kollegen vom Zoll muss es wohl so erschienen sein, als ob Zachäus total verrückt geworden wäre. Diese »Verrücktheit« konnte geschehen, weil ein Mensch Beachtung erfahren hat, seinen Wert und seine Würde als Mensch wieder geschenkt bekommen hat.

Die »Pädagogik« Jesu, seine Weise, Menschen vom Rand wieder in die Mitte der Gesellschaft zurückzuführen, kommt in dieser Geschichte sehr klar zum Ausdruck. Ein Leiter oder eine Leiterin kann sich nicht mit Jesus auf die gleiche Stufe stellen; doch in einem Punkt ist ein Vergleich recht am Platz: Wer leitet, ist ein »besonderer« Mensch. Eine Kritik, aber ebenso ein Lob, zählen von jener Person, die die Leitung innehat, mehr als von irgendjemandem sonst in der Gruppe. Von ihr geschätzt oder auch übersehen zu werden bedeutet viel für die persönliche Entwicklung des Mitarbeiters oder der Mitarbeiterin. Ich kann mich heute noch erinnern, wie sehr mich als jungen Jesuiten die Bemerkung meines ersten »Chefs« aufgebaut hat, der mir nach einem Jahr in seinem Dienst sagte: »Ich habe Pater Provinzial berichtet, dass ich mit Ihnen sehr zufrieden bin ...«

Interesse füreinander

Christliche Gemeinschaft beginnt dort, wo man sich füreinander interessiert und am Leben des anderen Anteil nimmt. Es ist auffallend, dass diese *Anteilnahme* eher dort anzutreffen ist, wo ein Mitmensch in Not geraten ist: wenn jemand krank oder pflegebedürftig ist, beim Verlust eines lieben Menschen oder sonst einem Unglücksfall. Mit jemandem zu trauern gelingt uns offenbar leichter, als sich mit jemandem zu freuen. »Und wenn du hörst, dass jemand sehr gelobt wird, so freue dich darüber viel mehr, als wenn man dich lobte. Das ist wahrlich nicht schwer.« So schreibt Teresa von Avila.[9] Bei aller Hochachtung vor der Heiligen, aber hier irrt sie. Sich ehrlich zu freuen am Erfolg, am Lob, an der Ehrung der anderen fällt vielen Menschen schwer, besonders wenn sie in einer ähnlichen Position oder Arbeit stehen wie der oder die Gelobte. Da mag – vielleicht unbewusst – auch eine Spur Konkurrenzdenken mit im Spiel sein. Umso wichtiger ist es für die Leitungsperson, die großen und kleinen Glücksmomente der Menschen, die sie leitet, nicht zu übersehen und in ihre Freude mit einzustimmen.

Es gibt eine üble Art, das gute Bild von einem Menschen zu beschmutzen und seine Würde systematisch zu zerstören; das ist der böse Tratsch hinter seinem Rücken. Man findet ihn (fast) überall, besonders auch in kirchlichen Gemeinden und Gemeinschaften. Ein Leiter oder eine Leiterin wird sich schwertun, dieses unnötige negative Reden über ein Gruppenmitglied (in dessen Abwesenheit!) ganz auszuschalten. Aber er/sie soll sich hüten, dabei selbst mitzutun. Er/Sie verbaut sich dadurch sehr rasch das Vertrauen jener Menschen, für die er/sie Verantwortung trägt. Ignatius war in diesem Punkt sehr konsequent. Gonçalves da Câmara berichtet uns: »Unser Vater redet immer von allen gut; und auch mit denen, die um die Fehler wissen, spricht er nicht davon, außer wenn es unbedingt notwendig ist, um ihnen abzuhelfen. Und in Bezug darauf, auf jegliche Art von Übelrede, hat er eine so große Vollkommenheit, dass es eine erstaunliche Sache ist« (Me 91). Zum Abschluss dieses Kapitels möchte ich noch auf ein persönliches Erlebnis zu sprechen kommen. In den achtziger Jahren war ich Spiritual im »Seminar für kirchliche Berufe« in Wien, wo junge Frauen und Männer eine Ausbildung für den kirchlichen Dienst als Pastoralassistentinnen oder Jugendleiter erhielten. Das heißt: Ich war zuständig für die Gottesdienste, das spirituelle Programm und die geistliche Begleitung der Studierenden. Eine der Studentinnen kam wegen ihrer Aufmüpfigkeit in erhebliche Schwierigkeiten mit der Seminarleitung. Da ich bei ihr einen guten Kern und auch besondere Fähigkeiten für diesen Beruf entdeckt hatte, setzte ich mich für sie ein, so weit das einem Spiritual möglich ist. Es ging schließlich alles gut: Die Studentin konnte ihren Abschluss machen und bekam ihre Sendung für den kirchlichen Dienst. Ich besuchte sie auf ihrem ersten Posten. Sie stellte mich ihrer Kollegin vor, mit der sie die Wohnung im Pfarrhaus teilte. Dann fügte sie mit einem verschmitzten Lächeln hinzu: »Weißt du, das ist einer, der auf mich baut.« Ich habe mich über dieses Lob sehr gefreut und es nicht mehr vergessen.

»Einer, der auf mich baut. Eine, die auf mich baut.« Dem Menschen, vor allem dem jungen Menschen, etwas zutrauen, als Beweis für die Anerkennung seiner Fähigkeiten und für die Hochachtung vor seinem Wert als Mensch: Das ist mehr Wert als viele schöne Worte! Schon Kinder brauchen diese Gewissheit, dass ihnen die »Großen« etwas zutrauen. Aber auch später wachsen die Menschen mit der Aufgabe, die ihnen zugemutet wird. Leitende Personen, die nichts aus der Hand geben können, sei es aus Angst, dass etwas schiefgehen könnte, sei es auch aus Furcht vor der Konkurrenz der herandrängenden Jüngeren, sind schlechte Führungskräfte. Wer gut leiten will, muss Verantwortung abgeben können und seinen Mitarbeitern und Mitarbeiterinnen etwas zutrauen. Ignatius hat seine Mitbrüder in alle Welt und zu schwierigen und heiklen Aufgaben gesandt. Er gab ihnen nicht nur gute Ratschläge mit auf den Weg, sondern auch das Vertrauen, dass sie ihren Auftrag schaffen werden und dass er auf sie baut.

3. Drei Spannungsfelder

In den ersten beiden Kapiteln wurde versucht, das »Fundament« zu beschreiben, auf dem das ignatianische Leitungsmodell aufbaut. In den folgenden Kapiteln wird nun konkret nach den wichtigen Kriterien für ein fruchtbares Leiten gefragt. Als Erstes stellen wir dabei fest: Wer leitet, stößt auf Spannungen. Gemeint sind hier nicht jene ganz normalen Spannungen, die früher oder später dort auftreten, wo Menschen zusammen arbeiten oder zusammen leben. Es gibt auch Spannungen, die unmittelbar mit der Aufgabe des Leitens in Zusammenhang stehen und ihre Wurzeln haben im rechten Abwägen von:
Transparenz und Diskretion,
Beratung und Entscheidung,
Geduld und Konsequenz.
Wer leitet, braucht ein feines Gespür für die rechte Balance in diesen Spannungsfeldern.

Transparenz und Diskretion

Es ist wichtig, die Menschen, die ich leite, rechtzeitig und verständlich über meine nächsten Schritte zu *informieren*. Wer nicht informiert, schafft eine Atmosphäre der Unsicherheit und des Misstrauens: »Was führt er/sie denn jetzt wieder im Schilde?« Die Menschen fühlen sich durch nicht oder durch zu spät angekündigte Aktionen »ausgetrickst«, übergangen, nicht ernst genommen. Zuerst meldet sich ein innerer Groll, später ein lautstarker Protest. Das »Löschen des Brandes« ist meist mühsam und langwierig. Und es bleibt oft eine Verunsicherung zurück, nämlich die Befürchtung, dass sich eine ähnliche Überraschung wiederholen könnte.

Schon ein Kind will rechtzeitig wissen, was die Eltern planen; geschieht das nicht, kann es leicht zu einer Katastrophe kommen. Bei den Erwachsenen ist das nicht anders. Deshalb ist es ein geringeres Übel, den Menschen als Leiter oder Leiterin mit vielen Informationen »auf die Nerven zu gehen« als einen wichtigen Hinweis zu versäumen. *Schriftliche* Informationen haben den Vorteil, dass sie weniger leicht missverstanden und auch später noch hervorgeholt werden können, wenn man sich nicht einig ist, was eigentlich tatsächlich vereinbart worden ist. »Als der Vater erfuhr, dass es bei den Beichtvätern Nachlässigkeit gebe, befahl er mir, ihnen die Regel darüber schriftlich zu geben und sie zu veröffentlichen«, berichtet uns Gonçalves da Câmara von Ignatius (Me 293).

Das Informieren und Einbeziehen der Mitarbeiter und Mitarbeiterinnen in die eigenen Pläne und in die schrittweise Verwirklichung der beabsichtigten Projekte ist oft ein mühsamer Prozess, der Zeit kostet und Geduld verlangt. Aber diese Geduld lohnt sich, weil bei einem transparenten Leiten die Chance groß ist, dass die anderen mitgehen und die Idee des Leiters oder der Leiterin mittragen, selbst wenn sich das fertige Projekt am Schluss nicht als so großartig herausstellen sollte, wie man erhofft hatte. Im Jesuitenorden ist diese Transparenz, von der hier die Rede ist, mit klaren Worten festgelegt: »Der Obere hat dafür zu sorgen, dass seine Absichten den Mitbrüdern bekannt sind und von ihnen verstanden werden. Je nach der Natur und Bedeutung der Sache und entsprechend den Fähigkeiten und Ämtern der Einzelnen sollen die Mitbrüder intensiver beteiligt werden am Wissen und an der Sorge um das persönliche und gemeinschaftliche Leben der Unsrigen wie auch um die apostolischen Werke« (EN 353).

Meine bitterste Erfahrung als Leiter gehört in diesen Bereich »Mangel an Transparenz«. Ich war damals Direktor eines Bildungshauses mit etwa 25 hauptamtlich angestellten Mitarbeitern und Mitarbeiterinnen. Ein Verantwortlicher für einen wichtigen Bereich war von seiner Aufgabe völlig überfordert und musste ausgewechselt werden, wenn nicht der ganze Betrieb erheblichen Schaden nehmen sollte. Das war allen, die ein bisschen Einblick in die Sachlage hatten, klar. Mir kam nun der verrückte Gedanke, dass ich mit dieser unangenehmen Entscheidung, einem Kollegen zu kündigen, nicht die MitarbeiterInnen belasten sollte, sondern dass ich diesen Schritt ganz allein durchziehen müsste. Die Dienstvorschriften erlaubten diese Vorgehensweise. Doch die Folgen waren dramatisch und der Aufruhr im Haus groß. Die MitarbeiterInnen fühlten sich übergangen und verfassten eine Protestnote gegen mein autoritäres Vorgehen. Eine Krisensitzung jagte die andere. Der Provinzial eilte herbei und erteilte mir eine scharfe Rüge. Wir hatten einige Wochen lang eine sehr schwierige Zeit im Haus; dann konnte allmählich wieder eine neue gegenseitige Vertrauensbasis aufgebaut werden. Bis auf eine Gürtelrose, die mein überfordertes Nervensystem produzierte, habe ich das Ganze heil überstanden – und dabei viel gelernt, vor allem dass man die Menschen, mit denen man zusammenarbeitet, nicht immer »schonen« darf, sondern informieren muss.

Von der Person, die leitet, wird *Offenheit* erwartet, so dass die Menschen, die sie leitet, Bescheid wissen um ihre Vorhaben und nicht unliebsame Überraschungen befürchten müssen. Auf der anderen Seite wird von ihr auch *Diskretion* verlangt, und zwar gleich in zweifacher Hinsicht. Es braucht die Diskretion *in der Sache*: Die leitende Person tut gut daran, nicht jeden spontanen Einfall, der ihr kommt, nicht jede Idee, die sie »gebärt«, sogleich hinauszuposaunen. Die MitarbeiterInnen nehmen die Ideen des Leiters oder der Leiterin möglicherweise viel ernster als er/sie selber, obwohl die Realisierbarkeit noch überhaupt nicht geprüft worden ist. Am nächsten Tag muss dann ein peinliches »Kommando zurück« verkündet werden; die Autorität des Leiters/der Leiterin nimmt auf diese Weise völlig unnötig Schaden. Manche Leitungspersonen machen sich selber das Leben schwer, weil sie nicht schweigen können und Ideen verbreiten, die noch nicht genügend vorüberlegt sind oder für die derzeit keine Möglichkeit besteht, sie zu verwirklichen. Es braucht Geduld und Selbstdisziplin, um den rechten Augenblick, den »Kairos«, dafür abzuwarten. Es ist Aufgabe des Leiters oder der Leiterin zu spüren, wann es an der Zeit ist, die Zurückhaltung aufzugeben und eine Sache anzusprechen, im Sinne der geforderten Transparenz, von der oben die Rede war. Ignatius konnte mit dieser Spannung offenbar gut umgehen: »Bei alldem wahrte er gegenüber allen die geschuldete Zurückhaltung. Mit niemandem als den unmittelbaren Oberen und notwendigen Konsultoren sprach er über die Dinge, die für die gute Leitung der Gesellschaft nicht zu vermeiden waren. Derart, dass wir sagen können, dass er zu allen freundlich und vertraulich mit niemandem war« (Me 89).

Es gibt noch eine andere Form von Diskretion, die hier Diskretion *in der Person* genannt werden soll. Menschen, die andere Menschen leiten, wissen auf Grund ihres Amtes mehr über diese: Eltern über ihre Kinder, Lehrerinnen und Lehrer über ihre Schüler, PfarrerInnen oder PastoralassistentInnen über die Mitglieder ihrer Gemeinden, Chefs über ihre Mitarbeiter und Mitarbeiterinnen. Es ist eine hohe Verantwortung, mit diesem Vertrauensgut in rechter Weise umzugehen. Die leitende Person sollte jene Informationen, die sie nur aus einem Vier-Augen-Gespräch oder aus den Akten kennt, möglichst für sich behalten, außer sie erhält von der betroffenen Person die Erlaubnis zur Weitergabe. Geschwätzige Menschen sind für das Leiten nicht gut geeignet.

Beratung und Entscheidung

Wer entscheidet? Wie wird die Entscheidung vorbereitet? In welcher Form wird die Entscheidung gefällt? Das sind Prozesse, die in den Betrieben, Gemeinden und Gemeinschaften verschieden geregelt sind. Manchmal sind diese Fragen nicht geklärt; das ist dann besonders schlecht und führt ständig zu Missverständnissen und Ärger. Im Orden der Gesellschaft Jesu hat sich schon sehr früh jenes Modell herausgebildet, das auch heute noch Gültigkeit hat: Wichtige Entscheidungen fällt allein der Obere, allerdings nach gründlicher Beratung mit seinem Konsult. (Nur der Generalobere und seine vier persönlichen Assistenten werden von der Generalkongregation *gewählt*.) In den Satzungen des Ordens gibt es dazu folgende Verordnung: »Die Oberen sollen gern und häufig den Rat der Mitbrüder suchen und anhören, je nach Bedeutung und Art der Angelegenheit entweder den Rat von wenigen, von mehreren oder auch der ganzen Kommunität, auch durch eine geistliche Unterscheidung in Gemeinschaft. Wenn Mitbrüder von sich aus Ratschläge vorbringen, sollen die Oberen sie dankbar annehmen; dabei bleibt ihnen jedoch die volle Verpflichtung, selbst zu entscheiden und anzuordnen, was zu tun ist« (EN 354,1).

Es wird in diesem Text sehr gut sichtbar, in welcher Spannung der Obere steht: Er soll sich einerseits gut beraten lassen, andererseits selbst und allein die Entscheidung fällen. Die *Beratung* kann durch offiziell eingesetzte Gremien erfolgen (Rat, Konsult) oder durch Einholung von Fachgutachten für ein bestimmtes Vorhaben oder durch (inoffizielle) Gespräche mit Personen, deren Urteil dem Leiter oder der Leiterin besonders wichtig ist. Die Beratungsgespräche haben den Sinn, der leitenden Person einen umfassenderen Einblick in die Sache zu geben. »Viele Augen sehen mehr als zwei!« Sie helfen ihr, ihre »blinden Flecken« zu entdecken. Ignatius hat großen Wert auf eine »Unterscheidung in Gemeinschaft« gelegt; sie ist nicht bloß eine Beratung, sondern ein geistlicher Prozess, bei dem alle Mitglieder der Gemeinschaft sich zu einer bestimmten Frage zusammenfinden und in einem Wechsel von Gebet, persönlichem Nachdenken und gemeinsamem Austausch eine Lösung suchen. Das gemeinsame Suchen ist getragen von dem festen Glauben an Jesu Versprechen, dass sein Geist dort zum Wirken kommen wird, wo sich zwei oder mehr in seinem Namen versammeln. Dieser Prozess braucht Zeit und verlangt von allen die ehrliche Bereitschaft, sich mit den vorgebrachten Meinungen auseinanderzusetzen, auch jenen der »Gegenseite«. Er kann aber zu einem guten und alle Seiten befriedigenden Ergebnis führen.[10]

Die rechte personelle Zusammensetzung eines Beratungsgremiums ist von nicht zu unterschätzender Bedeutung. Manche Leiter umgeben sich nur mit ihren »Freunden«, sind beglückt über die große Zustimmung in den Ratssitzungen und entdecken irgendwann mit Entsetzen, dass der Betrieb schon längst in eine ganz andere Richtung läuft. Eine qualifizierte Leiterin entwickelt früh eine Skepsis gegenüber »Beraterinnen«, die ihr immer nur Recht geben. Sie muss sich auch fragen, wie weit denn ihre Beraterinnen von ihrer »Gunst« abhängig sind und ob diese persönliche Abhängigkeit eine ehrliche Beratung nicht erschwert.

Für Ignatius gehörte die Beratung im »Konsult« zur täglichen Routine. »Alle Patres des Konsults brachten ihre Papiere mit, wo sie aufzeichneten, was unser Vater wollte, dass sie es in der Angelegenheit täten. Er fragte dann der Reihe nach einen jeden und behandelte niemals mehr als eine einzige Sache. Und so hörte er zu und antwortete allen, bis die Uhr zu laufen aufhörte. Und nach Beendigung der Stunde erhob er sich und beendete den Konsult« (Me 169). Ignatius fällt keine »einsamen« Entscheidungen; die Erfahrung und die Meinung seiner Mitbrüder sind ihm wichtig, eines jeden einzelnen, und es geht konzentriert zur Sache. In diesem Kurzbericht über die Konsultsitzungen des Ignatius vermisst man etwas, das in Gremien, die auf Mitsprache und demokratisches Vorgehen großen Wert legen, häufig gefordert wird: eine *Abstimmung*. Eine Abstimmung ist nicht vorgesehen; sie sollte nur dann eingesetzt werden, wenn ihr Ergebnis auch bindend ist. Dabei soll nicht übersehen werden, dass eine Abstimmung weniger »demokratisch« ist, als sie zunächst scheint, denn es gibt bei jeder Abstimmung – außer bei Einstimmigkeit – auch Verlierer, die dann mit ihrer »Niederlage« irgendwie zurechtkommen müssen.

Von einem autoritär »regierenden« Jesuiten-Oberen wird berichtet, dass er die Sitzungen seines Konsults mit den Worten eröffnet haben soll: »Ratet mal, was ich beschlossen habe.« So ist die »Mitarbeit« des Beratungsgremiums natürlich nicht gemeint; Tatsache ist aber, dass die *Entscheidung* letztlich beim Oberen liegt. Die Beratungsgespräche haben die Aufgabe, die Entscheidung in guter Weise vorzubereiten, aber sie sollen sie nicht vorwegnehmen. Das ist dann – jedenfalls im ignatianischen Leitungsmodell – alleinige Sache des Oberen. Er muss dafür »geradestehen«. Er trägt die Verantwortung und kann diese nicht auf irgendwelche Gremien abschieben.

Im Jesuitenorden ist die Kommunität keine Instanz, die Entscheidungen trifft, sondern nur ein beratendes Gremium. Seine richtig verstandene und höchst wünschenswerte Rolle besteht darin, den Oberen zu unterstützen, damit er entscheiden kann, was zur größeren Ehre Gottes und zum wirksameren Dienst an den Menschen geschehen soll. Ihm kommt es nämlich zu, die Schlussentscheidung zu fällen, zwar im Licht der erfolgten Unterscheidung, aber doch frei, da ihm als Oberen das Charisma und die Last übertragen sind, Autorität auszuüben. Wenn sich die leitende Person genügend Zeit genommen hat, um die Meinungen der Mitarbeiter und Mitarbeiterinnen einzuholen, die verschiedenen Vorschläge gründlich zu analysieren und auf ihre Realisierbarkeit zu prüfen, auch um Verständnis für den einen oder anderen Kompromiss zu werben, wird ihre Entscheidung leichter akzeptiert werden können, auch wenn nicht jeder einzelne Wunsch erfüllt worden ist.

Schließlich muss sich der Leiter gut überlegen, wann und auf welche Weise er seine Entscheidung den davon betroffenen Personen mitteilen will. Eine schriftliche Information ist meist präziser als eine bloß mündliche Mitteilung. Der Leiter muss wissen, dass durch die neuen Medien interessante Neuigkeiten rasend schnell verbreitet werden können und dass es leicht zu Kränkungen kommt, wenn jemand von einer ihn betreffenden Sache nicht durch den Leiter persönlich in Kenntnis gesetzt wird, sondern sie »hintenherum« erfährt. Besser sich vorher die Art und Weise der Mitteilung gut überlegen, als später Menschen, die sich schlecht informiert fühlen, beruhigen müssen. Sobald die Entscheidung verkündet ist, muss sie auch mit *Entschiedenheit* durchgezogen werden; sonst war der ganze Entscheidungsprozess vergebliche Mühe und der Leiter bekommt die Enttäuschung oder auch die Häme seiner MitarbeiterInnen zu spüren.

Geduld und Konsequenz

Auch diese beiden Eigenschaften werden von einem Leiter/einer Leiterin erwartet. Sie stehen in einem Zusammenhang und zugleich in gewisser Weise in Widerspruch zueinander. Geduld ohne Konsequenz führt nicht ans Ziel; Konsequenz ohne Geduld wirkt hart und verletzend.
Geduld hat mit Leiden zu tun, wie schon der lateinische Name »patientia« andeutet. Es kann schon ein Leiden sein, immer wieder auf die gleichen Dinge hinweisen zu müssen oder darauf zu warten, dass jemand doch »vernünftig« wird und eine geforderte Sache einsieht. Eltern brauchen viel Geduld mit ihren Kindern; aber auch alle anderen Menschen, die in Leitungsaufgaben stehen, müssen immer wieder Geduld mit ihren Untergebenen aufbringen. Im Evangelium wird uns diese Geduld in dem schönen Gleichnis vom Saatkorn, das so lange braucht, bis eine Frucht sichtbar wird, vor Augen geführt. Der sonst häufig ungeduldige und cho-

lerische Paulus schreibt im Brief an die Gemeinde von Thessaloniki: »Weist die Unordentlichen zurecht, nehmt euch der Schwachen an, habt mit allen Geduld« (1 Thess 5,14). Es ist tröstlich zu erfahren, dass sich schon die ersten Christen mit ähnlichen Problemen auseinandersetzen mussten wie wir heute: Es gab die »Schwachen«, die sich immer an den Rand gedrängt fühlten, und es gab die anderen, die sich über jede Ordnung hinwegsetzten. Von den Leitern und Leiterinnen der Gemeinden wurde bei ihrer Amtsführung vor allem eines verlangt: Geduld!

Ignatius ist seinen Mitbrüdern mit Geduld und Einfühlungsvermögen begegnet. Es wird uns berichtet, wie er ihnen liebevoll die Gründe vorlegt, die ihn zu einer Entscheidung geführt haben, und wie er darauf warten kann, bis die betroffene Person mit ganzem Herzen einwilligen kann. »Und allgemein pflegt er so gute Worte zu geben und so viel Liebe zu zeigen, dass alle, die er mit einer negativen Antwort entlässt, zufrieden gehen. Und alle Dinge, die er sagt, gehen auf einem Vernunftgrund gegründet, so dass es für den anderen verständlich ist« (Me 281b), schreibt Gonçalves da Câmara. Ignatius setzt sich durch, nicht allein auf Grund seiner Autorität, sondern weil er sich vorher die Sache gut überlegt hat und weil er mit viel Geduld den Mitbruder dafür gewinnen kann.

Doch Ignatius hat nicht nur Geduld, sondern auch ein klares Ziel, das er mit *Konsequenz* verfolgt. »Unser Vater pflegt in allen Dingen, die er unternimmt, so beständig zu sein, dass es alle erstaunen macht« (Me 282b). Konsequenz ist nicht Sturheit, wohl aber Hartnäckigkeit. Ein Jesuitenoberer prägte den Satz: »Konsequenz ruiniert den stärksten Gegner.« Da steckt Erfahrung dahinter! Doch geht es bei der Konsequenz nicht in erster Linie darum, »Gegner zu zermürben«, sondern eine Klarheit in den eigenen Leitungsstil zu bekommen. Kinder müssen von ihren Eltern Konsequenz in der Erziehung erfahren, damit sie jene Sicherheit finden, die sie für ihre ersten Schritte ins Leben brauchen. Wenn angedrohte Strafen (in der Regel) nicht durchgeführt werden, ist das Kind zunächst sicher froh darüber, letztlich aber doch unzufrieden; es möchte sich auf etwas »verlassen« können, selbst wenn es weh tut. Ähnlich falsch verhalten sich leitende Personen, die bei Unregelmäßigkeiten im Betrieb, in der Schulklasse, in der Ordensgemeinschaft oder sonst wo ständig »beide Augen zudrücken«, sei es aus falsch verstandener Milde, sei es ganz einfach aus Bequemlichkeit, weil sie einer unangenehmen Auseinandersetzung aus dem Weg gehen möchten.

Transparenz *und* Diskretion, Beratung *und* Entscheidung, Geduld *und* Konsequenz: Diese drei Spannungsfelder verlangen von einem Leiter oder einer Leiterin Sensibilität und Einfühlungsvermögen, manchmal einen »langen Atem« und zugleich ein Gespür für den »Kairos«, den rechten Augenblick zum Handeln. Das Leiten wird zur Kunst, worüber im nächsten Kapitel gesprochen werden soll.

4. Das rechte Leiten – eine Kunst

»Kunst kommt von können.« Der Duden bestätigt, dass diese Redewendung etymologisch richtig ist. Im weiteren Sinne ist also Kunst all das, was man beherrscht: eine Kenntnis, ein Wissen, eine Fertigkeit. So kann man auch von einer »Kunst des Leitens« sprechen, von einer »ars gubernandi« (lat.). Nicht jeder und nicht jede beherrschen diese Kunst. Manche sind dafür mehr begabt, manche weniger. Schon Paulus deutet in seiner Rede über die Geistesgaben an, dass es verschiedene Charismen gibt und nicht jeder für jedes Amt gleich gut geeignet ist (vgl. 1 Kor 12).

»Leiten kann man lernen.« Das ist – bis zu einem gewissen Punkt – richtig. Man kann Führungsseminare besuchen und einschlägige Literatur dazu lesen. Vor allem hat jeder Mensch seine eigenen – manchmal schmerzvollen – Erfahrungen des Geleitet-*Werdens*. Doch nicht alles kann man so lernen, wie man das Autofahren oder die Bedienung eines Handys lernen kann. Das Leiten stellt den Leiter oder die Leiterin auch immer wieder vor Herausforderungen, wo er oder sie viel Geschick und Gespür braucht, um richtig zu handeln. Einige dieser Herausforderungen sollen in diesem Kapitel besprochen werden.

Die vielen »Typen« und der eine Leiter

Wer leitet, ist eine Autorität oder sollte jedenfalls eine Autorität sein; darüber besteht kein Zweifel. Anneliese Herzig geht dem tieferen Sinn dieses Wortes nach: »Das Wort ›Autorität‹ kommt vom lat. ›augere‹, vermehren: Autorität hat etwas mit Lebensmehrung zu tun. Autorität ausüben heißt deshalb nicht, Macht über andere gewinnen, sondern Leben für andere ermöglichen. Wer Führung innehat, muss aus diesem Grund danach trachten, ... die ihm Anvertrauten zum schöpferischen Engagement zu ermutigen, damit die Lebenskraft aller zum Tragen kommt.«[11] Was aber braucht dieser oder jene, damit seine/ihre »Lebenskraft«, wenn möglich, in ihrer ganzen Fülle zur Entfaltung kommt? Was könnte mein Beitrag als sein/ihr Leiter dazu sein? Ich weiß zunächst nur eines, nämlich dass jeder Mensch sich vom anderen unterscheidet und ich daher jedem Menschen nur dann gerecht werde, wenn ich versuche, ihm in seiner individuellen Persönlichkeit zu begegnen. Dom Hélder Câmara, Erzbischof von Recife in Brasilien, gestorben 1999, hat das in seinen »Nachtgedanken« auf poetische Weise ausgedrückt:

»Ich darf nicht die Tür sein, durch die der Nächste geht, darf ihn nicht zu mir rufen, ihn verpflichten, meine Wege zu gehen, meine Zugänge zu den seinen zu machen, von meinen Schlüsseln abhängig zu sein. Wenn meine Türe Christus ist, kommt es darauf an, einem jeden Menschen zu helfen, dass er den Weg zum Vater findet, auf dem er er selbst bleiben kann.«[12]

Schon Eltern machen die Erfahrung, wie verschieden ihre Kinder sind. Das eine braucht mehr Zuwendung, das andere weniger, das eine mehr Ermunterung, das andere weniger, das eine mehr Kontrolle, das andere weniger. Gerade *weil* sie ihren Kindern gerecht begegnen wollen, müssen Eltern Unterschiede bei ihrer Erziehung machen. Beim Leiten von erwachsenen Menschen ist das im Grunde genommen nicht anders. Deshalb ist es für den Leiter wichtig, von Zeit zu Zeit über die einzelnen Mitglieder seiner Gemeinschaft oder seines Betriebes (im Rahmen seiner Möglichkeiten) nachzudenken und sich zu fragen: Was braucht dieser oder jene gerade von mir?

Von Ignatius wird uns berichtet, dass er zwar im Allgemeinen seinen Mitbrüdern mit großer Freundlichkeit begegnet (vgl. das 2. Kapitel), aber doch auch Unterschiede macht, denn manche »behandelt er ohne jede Rücksicht, eher hart und mit strengen ›Hüten‹« (Me 102). Das Verteilen von »Hüten« ist ein Ausdruck, den man in den ignatianischen Quellen häufig findet; es ist ein Synonym für einen scharfen Tadel. Diese »Hüte« bekamen, wenn es Ignatius nötig schien, vor allem jene Mitbrüder aufgesetzt, die ihm nahestanden und die mit den »Hüten« auch gut umgehen konnten. Als P. Laínez, einer der ersten Gefährten und auch einer der engsten Vertrauten des Ignatius, ihn einmal in einer Sache zu sehr drängt, wird Ignatius wütend »und sagte: ›Also nehmt Ihr die Gesellschaft (Jesu) und leitet sie!‹, so dass es P. Laínez die Sprache verschlug und er gar nichts mehr sagte« (Me 104). Das ist der »andere« Ignatius, der keine Scheu hat, auch einmal seinen Unmut zu zeigen; aber er wusste, was er wem zumuten konnte. (P. Laínez wurde übrigens später tatsächlich der erste Nachfolger des Ignatius als Generaloberer der Gesellschaft Jesu.)

In Schulen und öffentlichen Betrieben kann es schwierig sein, dem/der Einzelnen eine persönliche Behandlung zukommen zu lassen, ohne Gefahr zu laufen, mit dem Gesetz in Konflikt zu kommen, das »gleiches Recht für alle« vorsieht. Dieser Gleichheitsgrundsatz ist angemessen, aber auch bedauerlich; denn die Kunst des Leitens besteht nicht im »Verteilen des Gleichen an alle«, sondern im »Zuteilen des Richtigen für jede/-n Einzelne/-n«. Ignatius scheint darin ein Meister gewesen zu sein: »Es ist eine sehr erwägenswerte Sache, wie unser Vater in Dingen, die dieselben scheinen, entgegengesetzte Mittel anwendet, gegenüber dem einen Strenge und gegenüber einem anderen große Sanftheit; und im Nachhinein sieht man immer, dass dies das Heilmittel war, obwohl man es vorher nicht verstand« (Me 86).

Der Umgang mit den »Schwierigen«

Ignatius hatte unter seinen ersten Gefährten nicht nur liebenswürdige und für jeden Einsatz bereite Männer wie Peter Faber oder Franz Xaver, sondern auch schwierige Typen. Einer von ihnen war Nicolás Bobadilla. Ignatius hatte ihn beim Studium an der Sorbonne in Paris kennengelernt und für seine kleine Gruppe gewonnen. Später war Bobadilla in Deutschland tätig, wo er recht eigene Wege ging, die Ignatius nicht guthieß. Doch Bobadilla war nicht zu bremsen; er reagiert in seinem Antwortbrief heftig, indem er auf die großen Gefahren hinweist, denen er sich in Deutschland ausgesetzt fühlt, »während andere gemütlich in ihrem Garten oder in ihrer Küche in Rom sitzen«[13]. Er nennt Ignatius einen »Tyrannen« und einen »von Schmeicheleien korrumpierten Basken.« Er stellt sich auch ständig quer bei der gemeinsamen Verfassung der Satzungen, die er als ein »undurchdringliches Labyrinth bezeichnet, das weder die Oberen noch die Untergebenen jemals zu verstehen in der Lage sein werden«[14]. Erst einige Jahre später kommt dieser eigenwillige Mensch allmählich zur Vernunft; aber da war Ignatius schon tot.

Man muss sich fragen: Wie konnte Ignatius diesen Menschen aushalten? Ja, man kann sich weiter fragen: Wie kommt jeder andere Leiter und jede Leiterin mit einem Menschen in der eigenen Gemeinschaft zurecht, der ein ähnlicher Querulant wie dieser Bobadilla ist? Wie soll ein Leiter/eine Leiterin mit den »Schwierigen« umgehen? Dazu könnte man nun viel sagen, mehr als im Rahmen dieses Buches möglich ist. Einige grundsätzliche Hinweise sollen hier genügen:

Der Leiter oder die Leiterin darf einen Konflikt *nicht scheuen,* auch nicht mit den schwierigen Leuten. Das klingt ganz selbstverständlich, ist es aber nicht, wenn man die konkrete Praxis beobachtet. Vor allem friedliebende Menschen, die in einer Leitungsposition stehen, müssen sich immer wieder ehrlich fragen, ob sie vielleicht deshalb ein bestimmtes Problem in ihrer Gemeinschaft nicht ansprechen, weil sie keinen Streit haben wollen. Tun sie das nicht, wird aus dem Konflikt bald eine »Krise«. Außerdem geben sie die Leitung mehr und mehr aus der Hand, in die Hände derjenigen, die mit ihrer Eigenwilligkeit Druck ausüben. Ignatius hat diese Gefahr sehr wohl erkannt und in den Satzungen für seinen Orden darauf hingewiesen: Der Generalobere soll »die notwendige Geradheit und Strenge mit der Güte und Milde zu verbinden wissen, dass er sich weder von dem abbringen lässt, wovon er urteilte, dass es Gott unserem Herrn mehr gefalle, noch aufhört, das Mitgefühl zu haben, das für seine Söhne angebracht ist; sodass auch die Getadelten und Gestraften anerkennen, dass er in dem, was er tut, in unserem Herrn geradeaus und mit Liebe vorangeht, auch wenn es gegen ihren Geschmack wäre« (Sa 727).

In dieser Anordnung wird schon darauf hingewiesen, dass ein Leiter oder eine Leiterin einen Konflikt mit einem Mitglied seiner/ihrer Gemeinde, das eigene Wege geht, auch *nicht provozieren* soll. Er oder sie kann auch einmal nachgeben, muss nicht jede Unregelmäßigkeit einmahnen. Die Satzungen des Jesuitenordens weisen den Oberen darauf hin, dass er seinen Mitbrüdern entgegenkommen soll, »wenn es wahrscheinlich schiene, dass sie davon Nutzen haben werden, und indem er ihnen andere Male nachgibt und Mitleid mit ihnen hat, wenn es schiene, dass dies angebrachter sein könnte« (Sa 667). Die leitende Person soll einen Konflikt mit einem Mitglied ihrer Gemeinschaft nicht zu einem Machtkampf ausarten lassen, bei dem sie die Anerkennung ihrer Autorität auf den Prüfstand wirft.

Nicht jede/-r Untergebene ist jedem Leiter oder jeder Leiterin zumutbar. Es gibt auch *Grenzen,* die ehrlich und in aller Demut beachtet werden müssen. Diese Grenzen sollen zwar so weit als möglich gesteckt werden, aber sie müssen ernst genommen werden, und zwar möglichst noch bevor jemand sein Amt antritt.

Auch beim Umgang mit jenen Menschen, mit denen sich ein Leiter oder eine Leiterin schwertut, gilt, was schon im zweiten Kapitel ausführlich besprochen worden ist: Man soll versuchen, sie zu *lieben.* Wie soll das aber gelingen? Wird diese »Liebe« nicht bald als eine bloße Heuchelei durchschaut? Ob es möglich ist, einen Menschen zu lieben, hängt nicht nur von den Qualitäten des anderen ab, sondern auch von meiner eigenen persönlichen Einstellung, von meinem Blick auf diesen Menschen. Man kann sich neue Zugänge zum anderen schaffen, auch wenn das Lieben (fast) unmöglich scheint. Diese »Zugänge« folgen unmittelbar aus unserem christlichen Glauben; sie mögen für manche Leser und Leserinnen ein bisschen »fromm« erscheinen. Dennoch sind sie richtig – und effizient.

Neue Zugänge schaffen

Ein *erster Zugang* besteht in folgender meditativer Überlegung:
Jeder Mensch ist von Gott geschaffen, nach seinem Ebenbild. Ich kann also davon ausgehen, dass jeder Mensch, auch der unangenehmste und widerlichste, in seinem Ursprung gut ist. Um es in ein Bild zu bringen: Man beklagt vielfach die Verschmutzung unserer Flüsse. Wenn man sich aber die Mühe machen würde, einem solchen verschmutzten Gewässer flussaufwärts zu folgen, bis dorthin, wo der Fluss noch ein Bächlein ist, ja bis zur Quelle, dann würde man entdecken, dass jeder verschmutzte Fluss zuerst aus einer reinen, klaren Quelle entspringt. Ähnlich ist es bei meiner Sicht auf die Menschen: Ich müsste mir nur die Mühe machen, einem schwierigen Menschen gleichsam zu »folgen« bis dorthin, wo er von Gott her stammt und immer noch mit Gott verbunden ist, dann würde ich entdecken, dass eben auch dieser Mensch nicht nur unangenehme Seiten hat, sondern einen liebenswerten Kern. Wenn es mir gelingt, einen Menschen mit neuen Augen (man könnte auch sagen: »mit Gottes Augen«) zu sehen, ist ein neuer Zugang zu ihm möglich.

Einen *zweiten Zugang* kann ein Text von Karl Rahner eröffnen. Dieser große Theologe hat nicht nur tiefsinnige und schwer verständliche wissenschaftliche Bücher geschrieben, sondern auch ganz einfache und jedem verständliche Gebete. In einem Kommentar zu 1 Petr 3,8–15 schreibt er: »Könnten wir Gott nicht einmal sagen: Siehe da, da ist der andere, mit dem ich mich nicht verstehe. Er gehört dir; du hast ihn geschaffen. Du hast, wenn nicht so gewollt, ihn mindestens so gelassen, wie er eben ist. Siehe, mein Gott, wenn du ihn trägst, will ich ihn auch tragen und ertragen, wie du mich trägst und erträgst.«[15]

Rahner hat in seinem Leben einiges Unrecht erfahren müssen; er hat auch unter schwierigen Mitbrüdern gelitten. Aber er war ehrlich genug zu bekennen, dass er selber auch kein einfacher Mensch war; er hatte auch seine Schwächen und Fehler. Und er hat erkannt, dass er vor Gott so sein darf, wie er eben ist – unter einer Voraussetzung, nämlich der Bereitschaft, selbst die Schwächen der anderen zu ertragen. Wenn ich mich über einen Mitmenschen besonders ärgere, ist es gut, mich daran zu erinnern, dass ich selber auch nicht perfekt bin, sondern den anderen manchmal viel zumute. Diese Erinnerung hat nicht den Zweck, mich dann auch noch über mich selber zu ärgern, sondern im Gegenteil: mich selber besser annehmen zu können, auch mit meinen dunklen Seiten. Wir sind füreinander immer beides: Segen und Last.

Zu einem *dritten Zugang* kann uns die Rede vom »Jüngsten Gericht« verhelfen, wie es uns in der Bibel beschrieben wird (Mt 25,31–46). Dieses großartige Bild hat die Menschen, besonders die Künstler, immer wieder fasziniert; denken wir nur an das berühmte Gemälde von Michelangelo in der Sixtinischen Kapelle. Jesus tritt als Weltenrichter auf und spricht das Urteil über die Menschen. Zum großen Erstaunen sowohl der Guten als auch der Bösen werden sie allein danach beurteilt, wie sie sich gegenüber »dem Geringsten« verhalten haben. Piet van Breemen stellt in seiner Auslegung des Evangeliums die Frage: »Wer ist der Geringste? Ist er der Niedrigste auf der Liste der bedeutenden Leute, wie sie nach ihrer beruflichen Stellung eingestuft sind? Und ist das, was wir diesem Geringsten – nach unserer Wertskala etwa der Müllabfuhrmann oder der

Pförtner – tun, Christus getan? Solch eine Interpretation macht das Evangelium lächerlich. Christus besitzt keine Liste nach Titeln und Vorrangstellung.« Und van Breemen weist darauf hin, dass es eine andere Liste gibt, die zu beachten ist, »das ist unsere persönliche Liste derer, die *bei uns* an erster oder letzter Stelle rangieren. Christus identifiziert sich mit diesen Geringsten unserer Brüder und Schwestern, diesen paar, die wir nicht ausstehen können. Und was wir diesen Letzten tun, tun wir Christus. Ob wir Christen waren oder nicht, ob unser Leben Wert hatte oder wertlos war, entscheidet unsere Liebe zu diesen Geringsten.«[16]

Da bekommen nun die »schwierigen Leute«, über die wir uns so ärgern können, und auch jene unsympathischen Gestalten, die wir im Grunde unseres Herzens verachten, eine ganz neue Bedeutung: Sie werden einmal der entscheidende Gradmesser dafür sein, was unser Leben wert gewesen ist. Deshalb ist eine Behutsamkeit im Umgang gerade mit diesen »Geringsten« geboten; denn hinter jedem von ihnen taucht gleichsam als sein »Anwalt« Christus auf, den wir doch als unseren Freund haben möchten.

Ich erinnere mich an ein Gespräch mit einem Mitbruder, bei dem ich mir meinen ganzen Groll über diesen oder jenen aus der Kommunität, die ich zu leiten hatte, von der Seele geredet habe. Er hat sich das alles aufmerksam angehört und dann gesagt: »Sei doch barmherzig!« Es ist klar, dass diese Antwort nicht in jeder ähnlichen Situation am Platz wäre; aber damals hat sie gepasst. Jeder Mensch (und auch jeder Leiter und jede Leiterin) hat Grenzen in seiner Beziehungsfähigkeit, Grenzen, die man akzeptieren muss. Manche Menschen machen es einem Leiter sehr schwer, sie anzunehmen oder gar zu »lieben«. Doch man soll auch nicht zu rasch resignieren. Mit den »pflegeleichten« Mitarbeitern und Mitarbeiterinnen als leitende Person zurande zu kommen, ist einfach, mit den »schwierigen« gut umzugehen, ist eine Kunst.

Leiten und Macht

Zweifellos hat jemand, der leitet, auch Macht. In der Politik versucht man mittels Macht, Ziele zu erreichen und Ideale zu verwirklichen. In Firmen und Betrieben üben Vorgesetzte Macht aus. Eltern haben Macht über ihre Kinder, Lehrerinnen über ihre Schüler, Professoren über ihre Studenten. Auch in der Kirche gibt es Macht; nur hat sie dort eine eigene Qualität. Stefan Kiechle schreibt zu diesem Thema: »In der katholischen Kirche hat Macht ein eigenes Gesicht: Indem sie aus Gottes Auftrag und von der Vollmacht Christi her begründet wird, ist sie heilig und unantastbar. Mächtige können der Versuchung erliegen, das Hinterfragen und die Kritik der Macht zu verbieten, was allerdings in unseren aufgeklärten Zeiten nicht wirklich gelingt. Weil diese Macht ›von oben‹ verliehen ist, will sie sich nicht ›von unten‹, also demokratisch, kontrollieren lassen. In einer auf diese Weise *hierarchischen* Kirche – das Wort bedeutet heilige, von Gott gegebene Herrschaft – wird die Macht im Prinzip immer absoluter und immer weniger kontrollierbar. Sie muss nicht mehr begründet werden, wird eher autoritär ausgeübt und leichter missbraucht. Viele Menschen erfahren kirchliche Macht als verletzend und leiden unter ihr; und wenn sie sakralisierte Macht nicht diskutieren dürfen, wenden sie sich ganz von der Kirche ab.«[17]

Die Personalknappheit, die heute in vielen kirchlichen Gemeinschaften beklagt wird, reduziert freilich die

Ausübung dieser Macht erheblich. Je unbedingter ein Leiter oder eine Leiterin auf bestimmte Leute angewiesen ist, umso mehr bleibt seine/ihre »Macht« über sie reine Theorie. Grundsätzlich ist es wichtig, dass derjenige, der leitet, auch Macht hat. Er soll sich über die Möglichkeiten, die ihm seine Macht bietet, freuen und nicht Angst davor haben. Auf der anderen Seite kann Macht auch zur Versuchung werden, zur »Droge«, von der man nicht mehr loskommt. In der Bibel werden uns die Erfahrungen geschildert, die Jesus in der Wüste mit dem Versucher macht (Mt 4,1–11 par.). Sie sprechen eine eindeutige Sprache. Es ist vor allem die Versuchung zu Ehre und Macht, bei der der Teufel ansetzt, um Jesus von seinem Weg abzubringen. Gerade für den erfolgreichen Leiter oder die geschätzte Leiterin kann die tägliche Erfahrung von Macht zu einer Gefahr werden, und es ist eine Kunst, dieser Gefahr nicht zu erliegen.

Anneliese Herzig kommt zu der Überzeugung: »Je länger jemand an führender Position steht, umso größer wird – bei allem guten Willen – die Gefahr der Gewöhnung an die Macht. Die ›blinden Flecken‹ vermehren sich, es sei denn jemand setzt bewusst einen Kontrapunkt, um sich von nicht-evangelischem Geist frei zu machen.«[18] Es braucht dann eine »Unterscheidung der Geister«, die mich treiben, und ehrliche Fragen an mich selbst und an die Motive meines Leitens: Geht es mir um einen Dienst an den Mitmenschen oder vor allem darum, selbst Macht und Einfluss zu haben? Bin ich noch bereit, mich informieren und gegebenenfalls korrigieren zu lassen?

Frage ich auch »kritische Geister« um Rat oder wende ich mich ausschließlich an diejenigen, von denen ich annehme, dass sie mir Recht geben werden?

Bin ich nur dann zufrieden, wenn ich mich mit *meiner* Idee durchgesetzt habe?

Bin ich in meinen Entscheidungen noch genügend transparent oder halte ich die anderen, bewusst oder unbewusst, uninformiert?

»Für manchen Menschen, der eine natürliche Ausstrahlung besitzt, ist es wichtig, von Zeit zu Zeit über seine Macht zu erschrecken und sich zu fragen, wie und wozu er sie einsetzt. Sonst läuft er Gefahr, unmerklich in die Rolle des unhinterfragten ›Gurus‹ oder des despotischen Machthabers zu rutschen.«[19]

Ignatius hat die Gefahr eines Machtmissbrauchs auch in seinem Orden sehr wohl gesehen und dagegen Vorkehrungen getroffen. Bevor ein Jesuit endgültig in die Gemeinschaft aufgenommen wird, legt er ein Gelübde ab, das ihn verpflichtet, niemals Ämter, also Machtpositionen, anzustreben. Die wichtigste Barriere gegen eine allzu große Anhäufung von Macht ist jedoch der rasche Wechsel der Leiter von Ordensprovinzen und von Kommunitäten, der schon im ersten Kapitel kurz erwähnt worden ist. Die Amtsdauer eines Oberen ist auf sechs Jahre begrenzt; Verlängerungen werden nur sehr selten und für kurze Zeit bewilligt. Nur der Generalobere ist auf Lebenszeit gewählt. Der Grund dafür liegt vor allem in der aufwendigen (und teuren) Prozedur einer Generalswahl. (Alle Provinziale und Rektoren in der Gesellschaft Jesu werden unmittelbar vom Generaloberen ernannt, wenn auch auf Vorschlag der lokalen Gremien; die Superioren ernennt der zuständige Provinzial.) Der Generalobere wird von seinen Assistenten nicht nur beraten, sondern auch kontrolliert. Diese können – auch ohne Einverständnis des Generaloberen – eine Generalkongregation einberufen, die wiederum den Generaloberen absetzen könnte. In der Geschichte des Ordens war das allerdings bisher nie nötig.

Der rasche Wechsel vom Oberen zum Untergebenen und umgekehrt ermöglicht mehr Mitgliedern des Ordens, beide Erfahrungen zu machen. Er hält ab von allzu großem Machtdünkel, hilft aber auch zu mehr Verständnis für den eigenen Oberen. In dem hintergründigen Spruch, der unter den Jesuiten zirkuliert, ist einige Weisheit versteckt: »Sei lieb zu deinem Oberen; er könnte bald dein Untergebener sein.«

5. Der Leiter – kein »Übermensch«

Von einem Leiter oder einer Leiterin wird oft viel erwartet. Das ist in den Abschnitten des vorigen Kapitels besonders deutlich zum Ausdruck gekommen. Und doch bleibt jede Person, der eine Leitungsaufgabe anvertraut wird, ein »gewöhnlicher« Mensch mit seinen Grenzen und Fehlern. Die Menschen, denen er vorsteht, müssen das akzeptieren können; vor allem aber muss er selbst diese Grenzen anerkennen und darauf Rücksicht nehmen können. Das fällt vielen Leitern und Leiterinnen schwer, besonders wenn jemand aus einem missverstandenen christlichen Sendungsbewusstsein heraus glaubt, dass »für das Reich Gottes immer alles zu wenig sei«. Gott stellt Forderungen, aber er *über*fordert nicht; das ist immer Sache des Menschen. Dieses Kapitel will einige Hinweise geben, wie Überforderungen von leitenden Personen verhindert werden können.

Delegieren können

Bei Wikipedia liest man folgende Definition: »Delegieren ist die Weitergabe einer Teilaufgabe und der dafür notwendigen Handlungskompetenz von einem Vorgesetzten an einen Mitarbeiter mit dem Ziel, sich zu entlasten. Die Mitarbeiter werden motiviert, da ihnen Verantwortung übertragen wird. ... Nicht-Delegieren wird als Führungsschwäche gesehen, da der Vorgesetzte mit Arbeiten belastet wird, die ein Mitarbeiter ebenso erledigen könnte. Die Mitarbeiter werden demotiviert, da ihnen nichts zugetraut wird ...« Das Delegieren entlastet also den Leiter *und* es stärkt das Unternehmen – egal ob dieses Unternehmen nun eine Firma, eine Pfarrei, eine Ordensgemeinschaft oder ein anderer Betrieb ist –, weil es die Motivation der Mitarbeiterinnen und Mitarbeiter vermehrt.

Auch das Delegieren ist eine Kunst, und manche Leiter und Leiterinnen sind wirkliche Künstler in diesem Metier. Es sind jene Chefs, um die jeder Mitarbeiter und jede Mitarbeiterin einen großen Bogen machen, um ihm ja nicht zu begegnen, weil man damit rechnen muss, gleich wieder eine neue Aufgabe übertragen zu bekommen. Aber es gibt auch den anderen Typus: Jene Leiter und Leiterinnen, die nichts aus der Hand geben können. Das sieht dann etwa so aus:

In einer Schwesterngemeinschaft bereitet man sich auf die Feier eines Festes vor. Die Oberin bittet um Mitarbeit. Eine jüngere Mitschwester meldet sich für das Schmücken der Kapelle. Als sie am nächsten Morgen ans Werk gehen will, entdeckt sie, dass alles schon getan ist. Auf ihre erstaunte Frage antwortet ihr die Oberin, dass es ihr unmöglich gewesen wäre, alle wichtigen Details zu erklären. Da hat sie die Sache gleich selbst in die Hand genommen. Das »kratzt« natürlich erheblich am Selbstbewusstsein der jüngeren Schwester, weil sie sogar für das Schmücken der Hauskapelle für zu dumm gehalten wird. Die Oberin aber darf sich nicht wundern, wenn ihr bald alles zu viel wird. Es ist ihr wohl auch nicht bewusst, dass die Angst vor der nachdrängenden jüngeren Generation das entscheidende Motiv für ihr Handeln gewesen sein könnte.

Für Ignatius war das Delegieren eine Selbstverständlichkeit. Er betont sehr oft das Prinzip der Subsidiarität, das beim Untergebenen das Mitdenken und die Mitverantwortung voraussetzt. So schreibt er an den

Provinzial von Portugal: »Es gehört weder zur Amtspflicht des Provinzials noch des Generals, sich allzu sehr in die laufenden Geschäfte einzumischen. Viel besser ist es, die Dinge, die andere tun können, den anderen zu überlassen. Ich für meinen Teil mache es auch so, und ich merke dabei nicht nur, dass die Dinge nutzbringender und leichter gehen, sondern auch, dass meine Seele dabei ruhiger und sicherer bleibt.«[20] Ignatius hatte Vertrauen in seine Mitarbeiter. Deshalb konnte er Aufgaben abgeben, ohne sich dabei zu ängstigen, dass die Sache schiefgehen könnte. Im Gegenteil: Er wurde dabei sogar noch »ruhiger und sicherer«, wie er schreibt. Wer so einen »Chef« hinter sich weiß, arbeitet pflichtbewusst und mit Freude. Aber auch für Ignatius persönlich ist es wichtig, andere für sich arbeiten zu lassen, denn sonst wäre der kränkliche Mann nicht mehr in der Lage gewesen, den so rasch wachsenden Orden zu führen.

Den Mitbrüdern, denen Ignatius die verschiedensten Aufträge überträgt, gibt er auch Ratschläge mit auf den Weg, wie sie sich verhalten und welche »Mittel« sie anwenden sollen. Doch dann betont er mit Nachdruck: »Ich will, dass ihr dort *die* Mittel anwendet, von denen der Herr euch lehrt, dass sie die angebrachtesten sind, und ich lasse euch in aller Freiheit, dass ihr tut, was euch am besten scheint« (Me 269). So berichtet uns Gonçalves da Câmara und fügt noch hinzu, dass ihn Ignatius, wenn er am Abend von einem Auftrag zurückkam, als Erstes fragte: »Kommt Ihr zufrieden mit Euch?« (ebd.). Er wollte damit wissen, ob Pater Gonçalves auch wirklich in dieser Freiheit gehandelt hatte, mit der ihn Ignatius weggeschickt hatte. Wir stoßen hier wieder auf die tiefe Überzeugung des Ignatius, die seinem Leiten zu Grunde liegt (und von der schon im ersten Kapitel die Rede war), dass nämlich Christus selbst die Menschen durch ihn führt, aber auch durch all jene, die Ignatius mit Aufträgen auf den Weg schickt. So gesehen bedeutet Delegieren nicht nur einfach Arbeit abgeben, sondern auch etwas von seiner »Amtsgnade«, seinem Charisma als Leiter oder Leiterin, weiterreichen.

Es ist seltsam, dass gerade in kirchlichen Gemeinschaften das Delegieren manchen so schwerfällt, wo es doch diese Kirche gar nicht geben würde, wenn nicht ihr Gründer bereit gewesen wäre, sein Werk in die Hände von Fischern und Zöllnern, von einfachen Frauen und Männern zu übergeben. Alle, die in dieser Kirche ein Leitungsamt innehaben, sind in gewisser Weise auch nur »Delegierte«. Warum können manche so schwer etwas an andere abgeben? Natürlich braucht es ein »kalkuliertes Risiko« beim Delegieren und bisweilen geht dabei trotzdem etwas schief. Aber insgesamt wird viel mehr Schaden angerichtet durch den Mangel an Bereitschaft zu delegieren als umgekehrt.

Zum Delegieren braucht es nicht nur Mut, sondern auch Demut, denn meist besteht es ja nicht in einem selbstherrlichen Befehlen, sondern in einem bescheidenen Bitten: »Könnten Sie nicht ...? Würdest du vielleicht ...?« Da muss man sich schon tief hinabbeugen, und bevor man riskiert, sich einen Korb zu holen, oder bevor man sich die Mühe macht, dem Mitarbeiter oder der Mitarbeiterin alles genau zu erklären, macht man (oder frau) es lieber gleich selber. Lieber seinen Stolz bewahren als um Hilfe betteln! Die Methode des Ignatius war das nicht. Er erklärt auf köstliche Weise den leitenden Mitbrüdern in seinem Orden, dass es »Macht« und »Wissen« gibt. Die Oberen haben die »Macht«, die Autorität des Amtes; doch die Mitarbeiter haben das

»Wissen«, nämlich die Erfahrung in den speziellen Aufgaben an dem Platz, wo sie stehen. Den Oberen, die die Macht dazu haben, empfiehlt er dringend, die Mitarbeiter mit ihrem Wissen auch einzubinden (Me 272). Ein Satz in den *Ergänzenden Normen* zu den Satzungen des Jesuitenordens drückt das Gleiche wesentlich einfacher aus: »Für das Wohl der Gesellschaft ist es hilfreich, wenn der Obere vieles der Klugheit der Mitbrüder überlässt« (EN 354,3).

Freundschaften pflegen

Im Johannes-Evangelium wird uns berichtet, wie Jesus über die ernste Erkrankung seines Freundes Lazarus informiert wird mit den Worten: »Der, *den du lieb hast,* ist krank« (Joh 11,3). Später wird diese enge Beziehung nochmals bestätigt: »Jesus *liebte* Martha und ihre Schwester und Lazarus« (Joh 11,5). Martha wird hier an erster Stelle genannt, nicht nur weil sie anscheinend unter den drei Geschwistern das Sagen hat und eine exzellente Köchin ist, sondern auch weil sie Jesus persönlich am nächsten steht und seine Sendung am besten versteht, wie aus ihrem Zwiegespräch mit ihm hervorgeht (Joh 11,20–27). Mit einfachen Worten erzählt uns die Bibel, dass es Menschen gibt, die Jesus lieb hat, die seine Freundinnen und Freunde sind. Er hat einen Ort, wo er jederzeit gern gesehen ist, wo er sich wohl fühlt, wo er offen reden kann. Bei Martha, Maria und Lazarus konnte sich Jesus wohl auch manchen Kummer von der Seele reden, ohne fürchten zu müssen, dass der Inhalt des Gesprächs am nächsten Tag allgemeines Dorfgeschwätz war.

Was für Jesus wichtig ist, ist für jeden Menschen wichtig: Freunde und Freundinnen zu haben. Das gilt auch für jeden Leiter und jede Leiterin. Meist kommt ein Leiter allein schon durch seine Aufgabe mit vielen Menschen in Kontakt: Mitarbeiter und Mitarbeiterinnen, also Menschen, die ihm auf Grund seines Amtes nahestehen und mit denen er gute Beziehungen pflegen soll. Ob es aber klug ist, mit Einzelnen von ihnen auch engere Freundschaften einzugehen, ist eine andere Sache. Allzu leicht werden dann bei jenen Mitarbeitern, die nicht die besondere Freundschaft des Leiters genießen dürfen, Eifersucht und Misstrauen geweckt. Böse Vermutungen und Gerüchte vergiften die Atmosphäre; Parteiungen spalten den Betrieb. Auch die Vorsteher und Vorsteherinnen von Pfarren und Ordensgemeinschaften sind gut beraten, auf diesen Punkt zu achten. Wer zur Leitung beauftragt ist, kann den Menschen, die er führt, nur eingeschränkt Freundschaft anbieten, denn er braucht auch eine angemessene Distanz für die rechte Ausübung seines Amtes. Das schafft in gewissem Maße eine *Einsamkeit* des Leiters (oder der Leiterin), die er aushalten muss. Er muss auf manche engere Beziehung gerade in jener Gemeinschaft, für die er verantwortlich ist, verzichten können, oft gegen die eigene Sehnsucht.

Was aber in der eigenen Gemeinschaft oder im eigenen Betrieb nur bedingt möglich ist, muss der Leiter (oder die Leiterin) umso dringender anderswo suchen: Menschen, bei denen er ungeschützt reden kann, Menschen, bei denen er sich wohl fühlt und die ihn verstehen, Menschen, bei denen er seine Rolle ablegen und »einfach nur Mensch sein« darf. Über diese wichtigen »Oasen der Seele« schreibt Stefan Kiechle: »Dort hat man keine Kompetenz und keine Verantwortung, keinen Auftrag und keine Macht, man definiert sich nicht über Leistung und tappt nicht in die ewig gleichen Fallen, sondern man darf frei ›von der Leber weg‹ reden und wird als Mensch, nicht nur als Teil des Systems angenommen und geliebt.«[21] Natürlich darf der Freund oder die Freundin nicht nur als »Müllabladeplatz« verwendet werden; aber sich ab und zu bei ihm oder ihr den aufgestauten Groll von der Seele reden können tut gut und reinigt das Gemüt. Die Welt sieht nach so einem Gespräch wieder heller aus und neue Freude an der Aufgabe kann wachsen.

Niemand ist *nur* Leiter oder Leiterin, sondern in erster Linie auch Mensch. Dieses »Mensch sein« muss aber gepflegt werden. Wer von seiner Leitungsaufgabe sehr stark in Anspruch genommen wird, ist in Gefahr, seine Freunde und Freundinnen zu verlieren, weil er oder sie immer weniger Zeit für sie hat. Man muss diese Gefahr rechtzeitig erkennen und dagegenarbeiten. Denn eine gute Freundschaft ist ein Geschenk, das man nicht leichtfertig aufs Spiel setzen soll. Von Leitungsaufgaben wird man auch wieder entbunden, doch Freundschaften bleiben – vorausgesetzt, dass sie sorgfältig gepflegt worden sind.

Sich begleiten lassen

Freunde und Freundinnen sind für jeden Menschen wichtige, aber nicht die einzigen Begleiter. In den letzten Jahrzehnten wird immer mehr erkannt, wie hilfreich *professionelle* Begleiter und Begleiterinnen sein können, besonders für Menschen, die in Gruppen und Organisationen wichtige Aufgaben innehaben. Durch Supervision und ähnliche fachliche Beratung erhält der Leiter oder die Leiterin die Möglichkeit, seine/ihre Fragen und Probleme beim Leiten einer Gruppe einer fachlich geschulten Person gegenüber vorzubringen, das eigene Verhalten zu überprüfen, versteckte Beweggründe bei sich und bei den anderen, die in einer Gemeinschaft oft so störend sein können, zu entdecken und Gegenmaßnahmen zu überlegen. Natürlich ist es wichtig, dass die Person, die begleiten soll, das Vertrauen des Leiters/der Leiterin besitzt; auf der anderen Seite hat sie aber nicht den »Status« eines Freundes oder einer Freundin, so dass eine gewisse Distanz gewahrt bleibt, die nötig ist, damit beide Seiten – LeiterIn und BegleiterIn – sich auch offen und ehrlich zu den vorgebrachten Fragen äußern können.

Eine andere Form von Begleitung ist die so genannte *Geistliche Begleitung*, die von Menschen, die in ihrer religiös-geistlichen Entwicklung vorankommen wollen, immer häufiger in Anspruch genommen wird.[22] Im Jesuitenorden ist das regelmäßige Gespräch mit dem geistlichen Begleiter für jedes Mitglied üblich. Die Geistliche Begleitung ist eine große Hilfe, »um mit sich selbst ins Reine zu kommen«. Sie ist aber nicht in erster Linie dazu gedacht, Leitungsaufgaben gut zu bewältigen. Es macht also durchaus Sinn, eine Geistliche Begleitung *und* eine Supervision nebeneinander zu pflegen. Man muss dabei allerdings Acht geben, dass die Zielvorhaben der beiden Begleitungen gut voneinander getrennt bleiben und sich die Begleitungen nicht gegenseitig »in die Quere kommen«.

Eine Aus-Zeit nehmen

In der Bibel wird in dem schon im ersten Kapitel angesprochenen Gleichnis von der »selbst wachsenden Saat« (Mk 4,27) beschrieben, wie sich der Mann nach getaner Arbeit zur Ruhe legt. Er gönnt sich einen guten Schlaf, eine Zeit der Erholung, der Rekreation, der

Muße. Im heutigen Sprachgebrauch müsste man sagen: Er nimmt sich eine Aus-Zeit. Schon zur Zeit des Ignatius hat der junge Orden dafür gesorgt, dass die Mitglieder die Möglichkeit hatten, sich regelmäßig für eine Zeit der persönlichen Erholung zurückzuziehen. Es wurden dafür Grundstücke erworben und Landhäuser – im Sprachgebrauch des Ordens so genannte »Villen« – angekauft. Auch Ignatius selbst hat immer wieder in einem Weinberg am Rande von Rom neue Kräfte getankt, wie uns ein Mitbruder von »Vater Ignatius« berichtet: »Denn die Sache, um die wir uns alle am meisten besorgen müssen, ist, dass unser Vater in Muße sei; und diese müssen wir ihm besorgen, entweder durch den Weinberg oder auf jegliche andere Weise. Denn seine Muße ... erhält und trägt die ganze Gesellschaft« (Me 152). Bei diesem letzten Satz möchte man sich verwundert die Augen reiben: Nicht nur seine Arbeit oder das Gebet oder sein Organisationstalent, nein, die *Muße* des Ignatius »erhält und trägt den Orden«. Man muss hinzufügen, dass Ignatius damals – im Februar 1555 – bereits ein schwerkranker Mann war, und die Mitbrüder große Sorge um seine Gesundheit hatten. Doch die Muße, die Zeit der Erholung und des Kräftetankens, war auch dem gesunden Ignatius schon wichtig – und ist für jeden Menschen wichtig, der gut leiten will, und zwar aus mehreren Gründen:

Da ist einmal die Rücksichtnahme auf die eigene *Gesundheit*: Wie uns der oben zitierte Text vermittelt, muss Ignatius mit seinen Kräften Maß halten und Ruhepausen einschieben. Es ist keine »Schande«, seinem Beispiel zu folgen. Ein guter Leiter achtet »auf die Stimme seines Leibes« und reagiert rechtzeitig. Denn mit einem Nervenzusammenbruch oder einem Burn-out ist weder ihm noch den Menschen, für die er schafft, gedient, während ein gut erholter Chef viel voranbringt allein schon durch die angenehme Atmosphäre, die er (oder sie) verbreitet.

Ein weiterer Grund hängt mit der schon genannten Bedeutung der rechten *Distanz zum Leitungsamt* zusammen. »Nimm dich (als LeiterIn) nicht allzu wichtig!« Die Überzeugung, dass »es auch ohne mich geht«, soll nicht in bloßen Worten steckenbleiben; sie bedarf auch der Zeichen. Wer sich regelmäßig eine Aus-Zeit nimmt, setzt dafür ein deutliches Zeichen. Die Bibel erzählt uns, wie die Jünger von ihrem ersten Pastoraleinsatz zurückkommen und Jesus voll Begeisterung berichten, was sie alles geschafft haben. Sogar die Dämonen haben ihnen gehorcht! Doch Jesus scheint von dieser Leistungsschau gar nicht beeindruckt zu sein. Stumm hört er seinen Jüngern zu und entscheidet dann: »Wir fahren ans andere Ufer, und ihr kommt mit, ihr allein (Mk 6,30–32)!« Er hat erkannt, dass die Jünger in Gefahr sind, sich an die Arbeit zu verlieren – und dabei *den* aus ihren Augen zu verlieren, der sie in diese Arbeit eingesetzt hat: Jesus. Wenn wir den Bibeltext weiterlesen, erfahren wir, dass sich die Menschen, vor denen Jesus seine Jünger schützen will, schon auf dem Landweg ans andere Ufer begeben haben und dort die Ankommenden erwarten. Es gibt also wieder Arbeit ... Die Geschichte zeigt, dass Jesus der besinnlichen Pause einen hohen Wert beimisst, zugleich aber auch die Schwierigkeit kennt, sich dafür Zeit zu nehmen und sich zurückzuziehen.

Es gibt Menschen, die sich sehr wohl mehr Zeit für Ruhe und Entspannung schenken würden, wenn sie nur könnten: zum Beispiel Eltern mit kleinen Kindern oder Menschen, die ihren Job und damit auch das Einkommen für ihre Familie riskieren würden, wenn sie nicht ein Mehrfaches leisten, mehr als ihnen guttut, oder auch Pfarrer, die gerne die eine oder andere Seelsorgestelle abgeben würden, aber keinen Ersatz für sich finden. Doch die ehrliche Prüfung, *warum* ich mich so abrackere, tut jeder (und jedem) gut, die sich in der Leitungsaufgabe überfordert fühlt: Sind es wirklich die Liebe und Sorge für meine Mitmenschen und der Gehorsam gegenüber Gottes Willen oder sind es nicht doch mein (ungesunder) Ehrgeiz, meine Eitelkeit, mein Bedürfnis nach Karriere und Macht? Habe ich die rechte Distanz zu meiner Arbeit?

Es gibt noch einen dritten Grund, warum es wichtig ist, dass sich der Mann oder die Frau »an der Spitze« Zeiten der Erholung gönnt: die *Beispielwirkung.* Wer leitet, ist Vorbild. Das betrifft nicht nur die Arbeit, sondern auch die Gestaltung der Freizeit. Welche »Freizeitkultur« lebe ich als Vater oder Mutter meinen Kindern, als Ordensobere/-r meinen Mitschwestern oder Mitbrüdern, als Pfarrer oder Pfarrerin meinen Gemeindemitgliedern vor? Priester oder Ordensleute, die rund um die Uhr im Arbeitseinsatz stehen, werden vielleicht bewundert, aber zur Werbung für den geistlichen Beruf eignen sie sich nicht, denn für junge Menschen ist die Aussicht, neben dem Dienst an den Menschen auch Zeit für sich selber zu haben, ein besonders wichtiges Kriterium bei ihrer Berufswahl.

An dieser Stelle soll nochmals ein Text aus den »Nachtgedanken« von Hélder Câmara angefügt werden, der zum Nachdenken anregen kann: »Weißt du, warum du niemals innehältst? Du meinst vielleicht, es geschehe aus Verantwortungsgefühl, weil du keine Zeit zu verlieren hast ... In Wirklichkeit verleugnest du ganz einfach dich selbst, indem du versuchst, der Begegnung mit dir zu entgehen.«[23] Ignatius hatte seinen Weinberg und Jesus nimmt sich eine Aus-Zeit auf dem See: Welche »Oasen« der Ruhe habe ich?

Fehler machen dürfen

Menschen, die in leitenden Positionen stehen, sollen Vorbild sein. Das bedeutet aber nicht, dass sie keine Schwächen haben und keine Fehler machen dürfen. Im Gegenteil: Der schattenlos starke Leiter oder die makellos perfekte Leiterin machen oft Angst. Ihre »Vollkommenheit« macht sie für ihre Mitarbeiter und Mitarbeiterinnen in gewisser Hinsicht »unerreichbar«, auch wenn das gar nicht seine/ihre Absicht ist. Fehler zu machen ist menschlich, und ein Leiter oder eine Leiterin, dem/der ein Fehler passiert, wirkt menschlich, gewinnt häufig gerade dadurch an Sympathie, auch wenn ihm/ihr der Fehler sehr peinlich ist. Deshalb sollte sich der Ärger über den eigenen Fehler in Grenzen halten. Ein Leiter oder eine Leiterin sollte sich von vornherein den Druck nehmen, »keine Fehler machen zu dürfen«. Im Allgemeinen gilt der Satz: Nicht die Fehler, die im Zusammenleben von uns Menschen gemacht werden, sind das Schlimme, sondern der falsche Umgang mit ihnen, die falsche Aufarbeitung. Das Verleugnen und Vertuschen von Fehlern oder das Projizieren auf einen Sündenbock, dem man seine eigene Last auflädt, ist leider gerade bei jenen Menschen, die uns öffentliches Vorbild sein sollten, allgemein üblich.

Anneliese Herzig schreibt dazu: »Auch diejenigen, die ›Machtbefugnis‹ über andere haben, bleiben ›arme Pilger‹ auf dem Lebensweg und – als Christen – ›arme Sünder‹ auf dem Weg des Evangeliums. Es schadet ihrer Autorität normalerweise nicht, wenn sie Fehler eingestehen und Schwächen kundtun. Im Gegenteil: ›Die

Autorität kann nur einen Fehler begehen, der ihr nicht verziehen wird: Fehler nicht zugeben‹ (Müller A. 1964,265). Wer in der Nachfolge des Gekreuzigten steht, kann es sich zudem ›leisten‹ zu versagen. Er darf auf die Solidarität derer hoffen, die sich selbst als Erlösungsbedürftige wissen. Ganz selbstverständlich können Fehler eingeräumt werden, darf auf Vergebung gehofft werden. Eltern können ihren Kindern eingestehen, dass sie falsch gehandelt haben, ohne das Gesicht zu verlieren. Ein Pfarrer kann seine Mitarbeiter und Mitarbeiterinnen um Verzeihung bitten, wenn er merkt, dass er über ihre Köpfe hinweggegangen ist. Eine Chefin entschuldigt sich bei Angestellten dafür, wenn sie jemanden ungerecht behandelt hat, ohne Angst zu haben, von nun an nicht mehr als Chefin anerkannt zu werden. Die Sensibilität dafür ist bereits in vielen Bereichen des öffentlichen Lebens gewachsen. Immer mehr Menschen fragen: Warum sollten nicht auch Bischöfe oder hochrangige Politiker zugeben, einen Fehler begangen oder Unrecht getan zu haben? Wenn sie es tun, sollte selbstverständlich auch ihnen Vergebung gewährt werden. Vor allem einer Kirche, die als ihren ›Felsen‹ denselben Petrus bekennt, der sich aus Angst und Kleinmut zur Verleugnung Jesu hinreißen ließ, stünde solche Kultur des Bekenntnisses und der Vergebung gut zu Gesicht.«[24]

Ein Mensch, der einen Fehler ehrlich zugibt und seine Schwächen nicht verleugnet, verliert im Allgemeinen nicht an Ansehen, gewinnt aber an Menschlichkeit, an Vertrauen und an Glaubwürdigkeit. Und vor allem: Er befreit sich selber von dem Druck, alles perfekt machen zu müssen, und von der Angst vor dem Versagen, die so leicht schlaflose Nächte verursacht. Außerdem gibt man sich selber die Chance, »am Boden zu bleiben«. Das lateinische Wort für (Erd-)Boden ist *humus,* von wo sich wieder das Wort *humilitas* ableitet, zu Deutsch: *Demut.* Demut ist jene Tugend, die den Menschen daran erinnert, von wo er herkommt: »von der Erde« und »von Gott gemacht«, wie wir im Schöpfungsbericht der Bibel lesen können (Gen 2,18–23). Wer demütig ist, muss sich weder über- noch unterschätzen, sondern weiß um die eigene Beschränktheit ebenso wie um die eigenen Talente und Vorzüge. Wer demütig ist, weiß um die eigene Geschöpflichkeit, aber auch darum, dass wir auf Gott und aufeinander hin geschaffen sind, um einander eine Hilfe zu sein.

Zurücktreten können

Es kommt die Zeit, wo die Verantwortung des Leitens und Führens abgegeben werden *kann* bzw. abgegeben werden *muss.* Für manche ist dieser Schritt eine Erlösung, für viele aber auch ein harter Einschnitt in ihrem Leben. Eltern erleben, wie ihre Kinder aus dem Haus ziehen, ihre eigenen Wege gehen und andere Personen finden, denen sie ihr Vertrauen schenken. Manche machen sich auch Vorwürfe, weil sie glauben, in der Erziehung Fehler gemacht oder Chancen versäumt zu haben. Andere fühlen sich allein gelassen und sind voller Vorwürfe gegenüber den »undankbaren« Söhnen und Töchtern. In Ordensgemeinschaften ist es meistens schon üblich geworden, die Amtszeit der Oberen von vorneherein zu begrenzen. Aber wenn der Vorgänger oder die Vorgängerin immer noch in den Leitungsgremien »herumgeistert« und jede Entscheidung des oder der Nachfolgerin negativ kommentiert, so ist für diese/-n die Ausübung des Amtes ein Weg voller Stolpersteine. Auch in Firmen und Organisationen kann es

passieren, dass der Seniorchef dem Juniorchef keinen Platz macht, weil er überzeugt ist, dass der Junge es nicht schafft. Wie soll der aber Erfahrungen sammeln, wenn ihm keine Gelegenheit dazu gegeben wird?
OrdensoberInnen und Firmenchefs dürfen sich ruhig eingestehen, dass das Leiten nicht nur Arbeit und Ärger gemacht, sondern auch Freude bereitet hat: die Lust an der Macht, die Freude, im Rampenlicht zu stehen. Sich davon zu verabschieden fällt vielen nicht leicht. Und ähnlich dürfen sich Eltern mit Freude daran erinnern, wie schön es war, die Kinder im Haus zu haben und an ihrem Leben so unmittelbar teilnehmen zu dürfen. Ich erinnere mich an ein Gespräch mit einer Mutter, die von ihren drei erwachsen werdenden Töchtern erzählte: »Zwei sind schon ausgezogen, die dritte überlegt es auch schon.« Dann fügte sie hinzu: »Wissen Sie, eigentlich bin ich stolz, dass mein Mann und ich sie zur Selbständigkeit erzogen haben – auch wenn ich mich an die Stille im Haus erst gewöhnen muss.«
Der letzte große Schritt, der von einer leitenden Person erwartet wird, ist das Zurücktreten. Dieser Schritt soll »mit Würde« gemacht werden, das heißt: rechtzeitig und ohne gedrängt werden zu müssen, ohne Murren und ohne Vorwürfe. Es ist so wohltuend, wenn ehemalige Leiter oder Leiterinnen ehrlich lobende Worte über ihre Nachfolger und Nachfolgerinnen finden. Es ist so tröstlich, wenn Eltern davon überzeugt sind, dass sie – bei allen Mängeln, die in der Erziehung auch passiert sein mögen – ihren Kindern genügend Rüstzeug mitgegeben haben, dass diese nun das Leben auch ohne sie gut meistern werden.
In jenem Bildungshaus, das ich einige Jahre leitete, waren einmal zwei Frauen, die sich im Haus ehrenamtlich nützlich machten, damit beschäftigt, in einem Se-

minarraum neue Vorhänge aufzuhängen. Da kam ein Pater vorbei und steckte den Kopf durch die halb offene Tür. Er hatte früher mehrere wichtige Leitungsämter bekleidet; nun war er an Parkinson erkrankt und konnte nicht mehr viel tun. Eine der beiden Frauen sagte in Anspielung auf die Bibelstelle von Lk 8,3: »Nun, Herr Pater, wie es schon im Evangelium heißt: Die Frauen dienen dem Herrn mit ihrem ›Vermögen‹.« Darauf antwortete der Pater: »Und ich diene dem Herrn mit meinem Unvermögen.« Dann lächelte er und schlurfte weiter ... Irgendeinmal kommt für jeden Leiter die Zeit, wo er nicht nur *zurück*treten, sondern auch *ab*treten muss. Manche sind auch darin ein Vorbild, so wie sie es früher an der Spitze ihrer Gemeinschaft waren.

Schluss: »Nur wer gehorchen lernt, kann recht befehlen«

Zum Abschluss dieses Buches kehren wir nochmals an die Anfänge des Jesuitenordens zurück:
Am 29. Juli 1547 schreibt Ignatius von Rom aus einen Brief an die Scholastiker in Gandía, einer Stadt an der Ostküste Spaniens. Dort besteht schon seit 1546 ein Kolleg; doch die Kommunität hat noch immer keinen Oberen vor Ort. Offensichtlich gibt es dagegen Widerstände; die Mitbrüder würden sich lieber direkt vom Generaloberen in Rom leiten lassen. Da dürfte auch der Gedanke mit im Spiel sein, dass man sich das Leben leichter nach den eigenen Wünschen einrichten kann, wenn der Obere weit weg ist, auch wenn dieser Obere Ignatius heißt. Doch Ignatius teilt den Mitbrüdern in diesem Brief mit, dass die Wahl eines Oberen unverzichtbar ist: »Eines von diesen Dingen, das ich selber als sehr wichtig verspüre, ist: Wo immer sich eine Anzahl von Personen der Gesellschaft (Jesu) befindet, die eine Zeitlang zusammenleben sollen, soll es unter ihnen ein Haupt oder einen Oberen geben, durch den sich die übrigen leiten und lenken lassen, wie sie es durch den Generaloberen tun würden, wenn er gegenwärtig wäre« (BU 175). Bemerkenswert ist dabei die Tatsache einer *Wahl* des Oberen, die Ignatius am Ende der Instruktion vorschlägt, ein Vorgang, der später nicht mehr praktiziert worden ist, der aber zeigt, wie sich Ignatius die gemeinsame »geistliche Wahl« eines Oberen vorstellen würde.

Dem Vorschlag zur Prozedur der Wahl geht im Brief eine ausführliche Abhandlung über den *Gehorsam* voraus. Ignatius betont, dass der Gehorsam keine Tugend unter anderen sei, sondern die »Mutter der Tugenden«. Sie vermittle den Vorgeschmack der »Ruhe der Heimat« mitten auf dem Pilgerweg des Lebens, übertreffe an Verdienstlichkeit sogar das Martyrium, erhalte die Einheit der Gemeinschaft und gehöre zum Lernpensum eines jeden, der später einmal selbst Autorität ausüben soll. Ignatius wörtlich: »Auch ist es notwendig, um anderen vorsitzen und sie leiten zu können, dass man ein guter Meister im Gehorchen geworden ist« (BU 180). Wie ist dieser Satz zu verstehen? Müssen jene Leute, die für die Leitung ausgesucht werden, zunächst demütig »buckeln«, um später umso härter »treten« zu können? Ignatius erinnert im gleichen Brief die Studierenden daran, dass sie in der Person des Amtsträgers Christus selbst erkennen sollen und dass sie sich bewusst sein müssen, dass sie im Oberen als seinem Stellvertreter Christus gehorchen. Die Schule des Gehorsams, zu der Ignatius einlädt, soll also den jungen Mitbrüdern den Blick für Jesus Christus öffnen, damit sie seinen Willen immer besser erkennen. Wer aber in diesem Gehorsam gut geübt ist, wird auch als leitende Person sein Amt nicht zum eigenen Vorteil missbrauchen, sondern es als einen Dienst an den Menschen verstehen.

P. Hugo Rahner, der ältere Bruder von Karl Rahner, Professor für Kirchengeschichte und Kirchenväterkunde in Innsbruck, gestorben 1968, gilt als einer der besten Ignatius-Kenner bis auf den heutigen Tag. Er zitiert in einem Artikel denselben Satz freier, aber auch prägnanter: »*Nur wer gehorchen lernt, kann recht befehlen.*«[25] Gehorchen und Befehlen – diese Worte haben heute keinen guten Klang. Zu oft schon haben die Menschen erlebt, dass Gehorsam missverstanden und Befehlsgewalt missbraucht worden ist. Man begegnet heute häufig einem erschreckend großen Misstrauen gegenüber den so genannten »Autoritätspersonen«, im Staat genauso wie in der Kirche. Wo die Autorität schwindet, ist eine gute Leitung nicht möglich; wo die Leitung schwach ist, leidet die ganze Gesellschaft. Ignatius schreibt im gleichen Brief seinen Mitbrüdern: »So sehen wir, dass in vielen Gemeinschaften nicht wenige Fehler, und nicht von geringer Bedeutung, vorgekommen sind, weil es keine Vorgesetzten mit genügender Autorität gab, um die übrigen zu leiten. Und umgekehrt ist der Vorteil der Leitung für die Orte zu sehen, wo alle einem Praepositus[26] gehorchen« (BU 180). Diesen trockenen, klaren Sätzen aus dem Jahre 1547 ist nichts hinzuzufügen.

»Nur wer gehorchen lernt, kann recht befehlen.« Ignatius wünscht sich »starke« Obere, die den Mut haben, in eigener Verantwortung Entscheidungen zu treffen, und die auch Vorbilder sind, auf die ihre Untergebenen schauen können. Zugleich aber wünscht sich Ignatius »gehorsame« Obere, solche, die auf die Anliegen und Nöte der Menschen *hören* können und die ihr Amt als Dienst an den Menschen verstehen und nicht als eine Möglichkeit, sich zu profilieren, Karriere zu machen, Macht auszukosten. Auf diesen Typus von Oberen verweisen auch die Satzungen des Jesuitenordens, in denen zu lesen ist, dass der Obere »erprobt im Gehorsam und in der Demut« sei, zugleich aber »auch klug und zur Leitung fähig« und »dass er es verstehe, zu gegebenen Zeiten die Strenge mit der Güte zu verbinden« (Sa 423).

In den vorangegangenen Kapiteln wurde vieles besprochen, was für ein gutes Leiten von Bedeutung ist. »Nur wer gehorchen lernt, kann recht befehlen.« In diesem Satz wird das Wesentliche nochmals auf den Punkt gebracht. Es ist ein Satz, der zum Widerspruch reizt: Ein Mensch, der in einer wichtigen Leitungsposition steht, hätte wohl wenig Freude damit. Auf der anderen Seite ist es ein Satz, der zum Nachdenken einlädt. Vielleicht trifft Ignatius mit dieser Aussage genau das entscheidende Kriterium und legt den Finger auf jene Schwachstelle, wo Leitung in unserer Zeit häufig ein Defizit aufweist. Ignatius hat seine Gesellschaft klug und effektiv geführt; da besteht kein Zweifel. Seine Art des Leitens könnte auch in unserer Zeit ein Modell und eine Hilfe für jene Menschen sein, die herausgefordert sind, andere Menschen zu führen und zu leiten.

Zehn Leitsätze

(Die folgenden Leitsätze sind zu beachten, damit Leitung sicher *nicht* gelingt, auch wenn die Begründung, die dafür angeführt wird, ganz positiv klingen mag. Die Begriffe Leiter und Leiterin sind in diesen Sätzen austauschbar.)

Ein guter Leiter weist konsequent auf die Fehler hin, die seine Mitarbeiter und Mitarbeiterinnen machen. Hingegen geht er mit anerkennenden Worten sparsam um; denn Lob fördert nur die Selbstzufriedenheit und vergrößert die Gefahr, dass sich die Leute nicht mehr genügend anstrengen.

Eine gute Leiterin gönnt sich selbst keine Ruhe; denn je mehr sie rackert, umso besser ist die Arbeitsmoral der ganzen Gruppe, die sie führt. Wenn sie schon unbedingt eine Pause braucht, dann soll sie diese Aus-Zeit möglichst unauffällig nehmen und durch Ausreden »tarnen«.

Gute Leiter sind perfekt und machen keine Fehler. Nur vor solchen Leitern haben die Untergebenen wirklich Respekt. Sollte doch einmal ein Fehler passieren, so fehlt einem fähigen Leiter nicht das Geschick, dafür einen Sündenbock zu finden, so dass er selbst immer mit »weißer Weste« vor den Menschen, die er führt, dastehen kann.

Eine gute Leiterin delegiert Arbeiten nur nach dem Grundsatz: »Vertrauen ist gut; Kontrolle ist besser.« Sie behält alles im Blick und gibt ihren MitarbeiterInnen keinen Freiraum für selbständiges Arbeiten.

Ein guter Leiter achtet darauf, dass er Ärger und Frust über bestimmte Mitarbeiter oder Mitarbeiterinnen nicht in sich »hineinfrisst«, sondern ihn schnell wieder »los wird«, am besten ganz ungebremst bei der nächsten Kaffeepause mit den Kollegen und Kolleginnen.

Eine kluge Leiterin gibt nur die nötigsten Informationen weiter, denn je weniger die Mitarbeiterinnen und Mitarbeiter Bescheid wissen, umso besser hat eine Leiterin die Gemeinschaft, der sie vorsteht, in der Hand und umso geringer ist die Gefahr, dass ihre Pläne durchkreuzt werden können.

Ein guter Leiter vermeidet jedes Gespräch, das über das unmittelbar Dienstliche hinausgeht. Je unpersönlicher die Gespräche bleiben, umso unkomplizierter gestalten sich auch die Beziehungen und umso klarer sind die Rollen verteilt.

Eine kluge Leiterin sucht sich gute Freundinnen in der Gemeinschaft, die sie führt. Sie kann damit rechnen, dass ihr von diesen Vertrauenspersonen jene Informationen zugetragen werden, die sie braucht, um über jede Bewegung in ihrer Gemeinschaft frühzeitig Bescheid zu wissen.

Ein verantwortungsbewusster Leiter trägt schwierige und heikle Entscheidungsprozesse ganz allein mit sich aus, möglichst ohne seine Untergebenen mit einzubeziehen und damit zu belasten.

Eine gute Leiterin weiß, dass sie unersetzlich ist. Wenn sie dennoch ihren Stuhl räumen und einer Nachfolgerin Platz machen muss, wird sie es so einzurichten verstehen, dass sie auch weiterhin im Betrieb ständig präsent ist, damit sie ihr reiches Erfahrungswissen einfließen lassen kann.

Anmerkungen

[1] John W. O'Mally, Die ersten Jesuiten, Würzburg 1995,48f. Zwei Jahre später beschließen Ignatius und seine ersten Gefährten nach einem gründlichen Unterscheidungsprozess einstimmig, einem von ihnen Gehorsam zu leisten. Sie nennen dafür mehrere Gründe, vor allem auch die Schwierigkeit, miteinander trotz der pastoralen Sendungen in verschiedene Länder in Verbindung zu bleiben, wenn es keinen Oberen als Garant für die Einheit gibt.

[2] Pedro Arrupe, Mein Weg und mein Glaube. Ein Gespräch mit Jean-Claude Dietsch, Ostfildern 1983,48.

[3] Martin Maier, Pedro Arrupe – Zeuge und Prophet, in: Ignatianische Impulse, Band 24.

[4] Manfred Scheuer, Führen und Leiten. Spirituelle und theologische Aspekte, in: Klerusblatt 85 (2005),294.

[5] Michael Winterhoff, Warum unsere Kinder Tyrannen werden, München 2008[11],95.

[6] Hans Schaller, Christsein in der Welt von heute, in: Geist und Leben. Zeitschrift für Aszese und Mystik, 58. Jgg. 1985,45.

[7] Willi Lambert, Aus Liebe zur Wirklichkeit. Grundworte ignatianischer Spiritualität, Mainz 1991,169.

[8] Willi Lambert, Die Kunst der Kommunikation, Freiburg 1999,45.

[9] Teresa von Avila, Die innere Burg, Zürich 1979,101.

[10] Ausführlich wird dieser Prozess beschrieben in: Stefan Kiechle, Sich entscheiden, Würzburg 2004, in der Reihe: Ignatianische Impulse, Band 2.

[11] Anneliese Herzig, Gehorsam um des Lebens willen, in: Müller-Scheuer-Herzig, Frei zum Leben. Die Weisheit der evangelischen Räte, Würzburg 1996,117.

[12] Hélder Câmara, Mach aus mir einen Regenbogen. Nachtgedanken, Zürich 1981.

[13] John W. O'Mally, Die ersten Jesuiten, Würzburg 1995,384.

[14] Ebd.,385.

[15] Karl Rahner, Sämtliche Werke, Band 14, Freiburg 2006,318.

[16] Piet van Breemen, Wie Brot das gebrochen wird, Würzburg 1979[3],105.

[17] Stefan Kiechle, Macht ausüben, Würzburg 2005,15f.

[18] Anneliese Herzig, Gehorsam um des Lebens willen, in: Müller-Scheuer-Herzig, Frei zum Leben. Die Weisheit der evangelischen Räte, Würzburg 1996,121.

[19] Ebd. 122.
[20] MI I,4,558, zitiert nach: Hugo Rahner, Über den theologischen Sinn des Gehorsams in der Gesellschaft Jesu, in: Geistliche Texte SJ, 1, München 1980, 27.
[21] Stefan Kiechle, Macht ausüben, Würzburg 2005,56.
[22] Ausführlich wird diese Begleitung beschrieben in: Elmar Mitterstieler, Den verschwundenen Flüssen nachgehen. Gedanken zur geistlichen Begleitung, Würzburg 2008, in der Reihe: Ignatianische Impulse, Band 30.
[23] Hélder Câmara, Mach aus mir einen Regenbogen. Nachtgedanken, Zürich 1981.
[24] Anneliese Herzig, Gehorsam um des Lebens willen, in: Müller-Scheuer-Herzig, Frei zum Leben: Die Weisheit der evangelischen Räte, Würzburg 1996,118.
[25] Hugo Rahner, Über den theologischen Sinn des Gehorsams in der Gesellschaft Jesu, in: Geistliche Texte SJ, 1, München 1980,23. Der spanische Originaltext lautet: »También, para saber presidir á otros y regirlos, es necessario primero salir buen maestro de obedeçer (MI I,1,559).«
[26] *Deutsch:* Vorgesetzter.

In der Reihe **Ignatianische Impulse** sind bisher erschienen:

Band 1: Willi Lambert, **Das siebenfache Ja.**
Exerzitien – ein Weg zum Leben
Band 2: Stefan Kiechle, **Sich entscheiden**
Band 3: Piet van Breemen, **Alt werden als geistlicher Weg**
Band 4: Heiner Geißler, **Glaube und Gerechtigkeit**
Band 5: Cordula und Ottmar Leidner, **Weil ich mit dir wachsen möchte.** Herausforderung Ehe
Band 6: Klaus Mertes, **Verantwortung lernen**
Schule im Geist der Exerzitien
Band 7: Karl Frielingsdorf, **Gottesbilder**
Band 8: Christian Troll, **Als Christ dem Islam begegnen**
Band 9: Bernd Hagenkord, **jugend@gott**
Band 10: Claudia Bausewein, **Sterbende begleiten**
Band 11: Willi Lambert, **Wovon die Liebe lebt**
Band 12: Eckhard Frick, **Sich heilen lassen**
Band 13: Stefan Kiechle, **Macht ausüben**
Band 14: Franz Jalics, **Der kontemplative Weg**
Band 15: Ignatius von Loyola, **In allem – Gott**
Band 16: Gundikar Hock (Hg.), **Ergriffen vom Feuer**
Band 17: Michael Hainz, **Freundschaft mit Armen**
Band 18: Christian Herwartz, **Auf nackten Sohlen**
Band 19: Albert Keller, **Sinn im Unsinn.** Worüber Jesuiten lachen
Band 20: Christoph Benke, **Sehnsucht nach Spiritualität**
Band 21: Alfred Delp, **Im Angesicht des Todes**
Band 22: Peter Balleis, **Leidenschaft für die Welt**
Band 23: Josef Maureder, **Mensch werden – erfüllt leben**
Band 24: Martin Maier, **Pedro Arrupe – Zeuge und Prophet**
Band 25: Jon Sobrino, **Der Preis der Gerechtigkeit**
Band 26: Piet van Breemen, **Im Geheimnis daheim**
Band 27: Bernhard Waldmüller, **Gemeinsam entscheiden**
Band 28: Christian Rutishauser, **Christsein im Angesicht des Judentums**
Band 29: Thilo Esser/Meike Wagener-Esser, **Als Familie im Glauben wachsen**
Band 30: Elmar Mitterstieler, **Den verschwundenen Flüssen nachgehen.** Gedanken zur geistlichen Begleitung
Band 31: Felix Genn, **Es würde der Welt etwas fehlen.**
Pastorale Impulse aus dem Geist der Exerzitien
Band 32: Hermann Kügler, **Versuchungen widerstehen?**
Band 33: Vitus Seibel (Hg.), **Was bedeutet Dir Jesus Christus?**
Band 34: Stefan Kiechle, **Spielend leben**
Band 35: Elke Rüegger-Haller, **Aufstehen und heilen.**
Missbrauch und Exerzitien

Band 36: Eckhard Frick/Margret Fühles, **Schöpferisch im Spiel vor Gott.** Bibliodrama und Exerzitien
Band 37: Gabriela Grunden, **Wer glaubt, fragt**
Band 38: Hermann Kügler, **Scheitern**
Band 39: Klaus Mertes, **Widerspruch aus Loyalität**
Band 40: Ursula Dirmeier, **Nicht Furcht, sondern Liebe**
Band 41: Christoph Benke, **Gott ist nicht kleinlich.** Über das christliche Maß
Band 42: Stefan Bauberger, **Der Weg zum Herzgrund.** Zen und die Spiritualität der Exerzitien
Band 43: Medard Kehl/Stephan Ch. Kessler, **Priesterlich werden – zwischen Banalität und Verklärung**
Band 44: Medard Kehl, **Mit der Kirche fühlen**
Band 45: Albert Keller, **Vom guten Handeln.** In Freiheit die Geister unterscheiden
Band 46: Klaus Mertes, **Sein Leben hingeben.** Suizid, Martyrium und der Tod Jesu
Band 47: Stefan Kiechle, **Warum leiden?**
Band 48: Anton Aigner, **Die Kunst des Leitens.** Erfahrungen – Einsichten – Hinweise
Band 49: Gundikar Hock (Hg.), **Freunde im Herrn.** Heilige und selige Jesuiten
Band 50: Willi Lambert (Hg.), **Von Ignatius inspiriert.** Erfahrungen und Zeugnisse
Band 51: Christian Herwartz, **Brennende Gegenwart.** Exerzitien auf der Straße
Band 52: Alex Lefrank, **In der Welt – nicht von der Welt**
Band 53: Hildegard Aepli, **Single – und wie?!** Erfülltes Leben mit unerfüllten Wünschen
Band 54: Hans-Dieter Mutschler, **Gemeinsam mehr von der Welt wissen.** Zum Verhältnis von Spiritualität und Naturwissenschaft
Band 55: Alfons Höfer, **Meine Worte suchen dich.** Gebete aus Not und Dank
Band 56: Hermann Kügler, **Streiten lernen.** Von der Rivalität zur Kooperation
Band 57: Cordula und Ottmar Leidner, **Ein hörendes Herz.** Jeden Tag Gottes Spuren finden
Band 58: Hans Schaller, **Wachsen im Gebet.** Eine ignatianische Vertiefung
Band 59: Vitus Seibel, **Architektur einer Gemeinschaft.** Impulse aus den Satzungen der Jesuiten
Band 60: Ursula Dirmeier, **Das Bessere zuerst.** Mary Ward und der Exerzitienweg
Band 61: Alfons Klein, **Dem Ungeist widerstehen**
Band 62: Thomas Philipp, **Gott in mir**
Band 63: Josef Bill, **Und er stellte ein Kind in die Mitte**
Band 64: Willi Lambert, **Gotteskontakt**

Weitere Informationen zu den Bänden der Reihe finden Sie unter www.echter-verlag.de